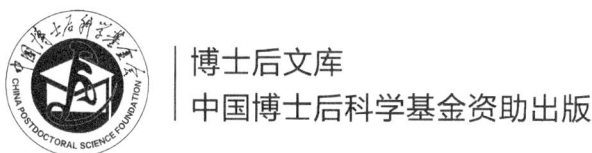

博士后文库
中国博士后科学基金资助出版

混合交通流多模式模型整合与协调优化研究

尚华艳 著

科学出版社
北京

内 容 简 介

混合交通是我国城市交通的主要特征，也是交通管理的难点。本书旨在研究道路和交叉口混合交通流的冲突机制，挖掘混合交通流的干扰机理及特性，建立混合交通流模型，探讨交通控制措施，优化交通流组织，为交通规划、管理与控制提供决策参考。本书力求理论与实践相结合，不仅展开了深入的理论研究，还开展了实证研究。

本书可供交通研究科研工作者、道路交通相关专业学生和从事道路交通规划设计与管理的人员参考。

图书在版编目（CIP）数据

混合交通流多模式模型整合与协调优化研究 / 尚华艳著. —北京：科学出版社，2021.6
（博士后文库）
ISBN 978-7-03-067115-8

Ⅰ. ①混⋯ Ⅱ. ①尚⋯ Ⅲ. ①城市交通-交叉路口-混合交通-交通流-研究 Ⅳ. ①U491.2

中国版本图书馆 CIP 数据核字（2020）第 239139 号

责任编辑：魏英杰 / 责任校对：王 瑞
责任印制：吴兆东 / 封面设计：陈 敬

科学出版社 出版
北京东黄城根北街 16 号
邮政编码：100717
http://www.sciencep.com

北京中石油彩色印刷有限责任公司 印刷
科学出版社发行 各地新华书店经销

*

2021 年 6 月第 一 版　开本：720×1000 1/16
2021 年 6 月第一次印刷　印张：8 3/4
字数：172 000
定价：98.00 元
（如有印装质量问题，我社负责调换）

《博士后文库》编委会名单

主　任　陈宜瑜

副主任　詹文龙　李　扬

秘书长　邱春雷

编　委　(按姓氏汉语拼音排序)

付小兵　傅伯杰　郭坤宇　胡　滨　贾国柱　刘　伟
卢秉恒　毛大立　权良柱　任南琪　万国华　王光谦
吴硕贤　杨宝峰　印遇龙　喻树迅　张文栋　赵　路
赵晓哲　钟登华　周宪梁

《博士后文库》序言

1985年,在李政道先生的倡议和邓小平同志的亲自关怀下,我国建立了博士后制度,同时设立了博士后科学基金。30多年来,在党和国家的高度重视下,在社会各方面的关心和支持下,博士后制度为我国培养了一大批青年高层次创新人才。在这一过程中,博士后科学基金发挥了不可替代的独特作用。

博士后科学基金是中国特色博士后制度的重要组成部分,专门用于资助博士后研究人员开展创新探索。博士后科学基金的资助,对正处于独立科研生涯起步阶段的博士后研究人员来说,适逢其时,有利于培养他们独立的科研人格、在选题方面的竞争意识以及负责的精神,是他们独立从事科研工作的"第一桶金"。尽管博士后科学基金资助金额不大,但对博士后青年创新人才的培养和激励作用不可估量。四两拨千斤,博士后科学基金有效地推动了博士后研究人员迅速成长为高水平的研究人才,"小基金发挥了大作用"。

在博士后科学基金的资助下,博士后研究人员的优秀学术成果不断涌现。2013年,为提高博士后科学基金的资助效益,中国博士后科学基金会联合科学出版社开展了博士后优秀学术专著出版资助工作,通过专家评审遴选出优秀的博士后学术著作,收入《博士后文库》,由博士后科学基金资助、科学出版社出版。我们希望,借此打造专属于博士后学术创新的旗舰图书品牌,激励博士后研究人员潜心科研,扎实治学,提升博士后优秀学术成果的社会影响力。

2015年,国务院办公厅印发了《关于改革完善博士后制度的意见》(国办发〔2015〕87号),将"实施自然科学、人文社会科学优秀博士后论著出版支持计划"作为"十三五"期间博士后工作的重要内容和提升博士后研究人员培养质量的重要手段,这更加凸显了出版资助工作的意义。我相信,我们提供的这个出版资助平台将对博士后研究人员激发创新智慧、凝聚创新力量发挥独特的作用,促使博士后研究人员的创新成果更好地服务于创新驱动发展战略和创新型国家的建设。

祝愿广大博士后研究人员在博士后科学基金的资助下早日成长为栋梁之才,为实现中华民族伟大复兴的中国梦做出更大的贡献。

中国博士后科学基金会理事长

前　言

　　混合交通是我国城市交通的主要特征，也是交通管理的难点。行人流、自行车流和机动车流的混合交通流引起了学者的高度重视。在传统单车种道路交通流研究中，流量-速度-密度模型是通行能力计算、交通仿真等热点问题的基础，国内外进行了大量研究，取得了丰硕的成果。我国特有的混合交通流形态与道路格局使国外的交通流理论和方法并不能完全适用。国内学者针对混合交通流的理论研究已取得很大进展，但目前并没有形成完整的体系。很少有学者将行人流、自行车流和机动车流等多种交通出行模式整合来建立模型，进而从整体角度进行协调优化。

　　交通流动力学是流体力学、应用数学、系统工程和交通工程等领域的交叉性边缘学科，旨在应用现代科学知识正确地描述交通流形态，揭示各种交通现象的特点本质，为交通规划和优化提供可靠的理论根据。因此，针对中国混合交通流的特点，建立描述混合交通流的动力学模型，研究混合交通流的复杂特征，对提高混合交通流的可控性，改善日益恶化的交通状况具有重要的理论意义。

　　在这种背景下，本书从实证研究出发，从微观层面分析城市道路交通参与者的混合交通特性；通过对混合交通流的冲突机制深入研究，探讨城市道路混合交通流的干扰机理及其特性。本书的价值在于，利用交通流动力学知识，通过建立混合交通流动力学模型，研究混合交通流的复杂特征。探讨机动车流、自行车流和行人流同时存在时的交通冲突和相互干扰，是本书的基本出发点。

　　本书的相关研究得到国家自然科学基金面上项目(71371128、71971144)、北京市自然科学基金项目(8192006)和北京市教委社科重点项目(SZ201910038021)的资助。

　　在本书撰写的过程中，师弟彭愚给了我大力支持。在过去的岁月里，我们展开了许多科研探讨，合作一直非常愉快。感谢我的师兄唐铁桥教授的大力支持。本书部分章节取材于我们合作的相关文章。确切地说，彭愚和唐铁桥教授也是该书的作者。非常感谢他们对我一如既往的大力支持。

　　我的研究生王闪、刘彦萍、邢新、孙思雨、崔继慧、常艺等同学进行了大量的翻译和排版工作，在此一并深表感谢！

感谢我的家人，尤其是我的爱人罗建新，对我科研工作的一贯支持！

限于作者水平，书中难免存在不妥之处，恳请读者指正！

尚华艳

2020 年 10 月 21 日

目 录

《博士后文库》序言
前言
第1章 绪论 ··· 1
  1.1 研究背景与意义 ··· 1
    1.1.1 研究背景 ··· 1
    1.1.2 研究意义 ··· 3
    1.1.3 解决方法 ··· 4
  1.2 主要内容及结构 ··· 4
第2章 交通实测与混合交通流研究概况 ··· 7
  2.1 交通实测 ·· 7
    2.1.1 基本概念 ··· 7
    2.1.2 测量方法 ··· 8
    2.1.3 基本图与迟滞 ·· 8
    2.1.4 交通流临界相变 ·· 11
  2.2 道路交通流研究 ··· 12
    2.2.1 宏观道路交通流模型 ··· 12
    2.2.2 微观道路交通流模型 ··· 13
    2.2.3 中观道路交通流模型 ··· 15
  2.3 混合交通流研究 ··· 15
    2.3.1 主要影响因素 ·· 15
    2.3.2 研究现状 ·· 17
  参考文献 ·· 18
第3章 混合交通流复杂驾驶行为研究 ·· 21
  3.1 驾驶行为分析与假设 ··· 21
  3.2 考虑减速限制的驾驶行为模型 ··· 23
    3.2.1 更新规则 ·· 23
    3.2.2 模拟结果分析 ·· 24
  3.3 考虑减速限制与速度效应的驾驶行为模型 ································ 31
    3.3.1 更新规则 ·· 31
    3.3.2 模拟结果分析 ·· 31
  3.4 考虑慢启动规则的驾驶行为模型 ·· 33

3.4.1 更新规则 ··· 33
    3.4.2 模拟结果分析 ··· 33
3.5 复杂驾驶行为模型评价 ··· 34
3.6 本章小结 ··· 35
参考文献 ··· 35

第4章 混合交通流转向灯效应研究 ··· 37
4.1 引言 ··· 37
4.2 双车道换道规则 ··· 39
    4.2.1 对称双车道 ··· 39
    4.2.2 鸣笛效应和强行换道 ·· 40
4.3 基于转向灯效应的双车道元胞自动机模型 ······························ 43
    4.3.1 问题提出 ··· 43
    4.3.2 转向灯效应 ··· 44
    4.3.3 换道规则 ··· 45
    4.3.4 模拟结果分析 ··· 46
4.4 本章小结 ··· 49
参考文献 ··· 49

第5章 混合交通流右转车道影响研究 ······································ 51
5.1 引言 ··· 51
5.2 模型 ··· 53
    5.2.1 车辆运动规律 ··· 53
    5.2.2 边际条件 ··· 56
5.3 仿真结果与讨论 ··· 56
    5.3.1 定性分析 ··· 56
    5.3.2 定量分析 ··· 58
5.4 本章小结 ··· 60
参考文献 ··· 61

第6章 混合交通流摩擦效应研究 ·· 63
6.1 概述 ··· 63
6.2 模型 ··· 64
    6.2.1 个体跟驰模型 ··· 64
    6.2.2 动力学模型 ··· 66
6.3 均衡解分析 ·· 69
6.4 本章小结 ··· 74
参考文献 ··· 74

第7章 混合交通流喇叭效应研究 ································ 78
- 7.1 概述 ··· 78
- 7.2 模型 ··· 78
  - 7.2.1 个体跟驰模型 ·· 78
  - 7.2.2 宏观模型 ·· 80
- 7.3 均衡解分析 ·· 81
- 7.4 本章小结 ·· 84
- 参考文献 ·· 84

第8章 混合交通流行人可变步长研究 ····························· 87
- 8.1 概述 ··· 87
- 8.2 模型 ··· 88
  - 8.2.1 行人可变步长 ·· 88
  - 8.2.2 行人行走方向 ·· 89
- 8.3 仿真与应用 ·· 91
  - 8.3.1 单房间单出口疏散问题 ······························· 91
  - 8.3.2 地铁站疏散问题 ····································· 94
- 8.4 本章小结 ·· 98
- 参考文献 ·· 99

第9章 混合交通流车道饱和流率研究 ···························· 100
- 9.1 概述 ·· 100
- 9.2 交通调查与数据采集 ······································· 101
  - 9.2.1 调查准备 ··· 101
  - 9.2.2 资料整理和分析 ····································· 105
- 9.3 数据分析 ·· 106
  - 9.3.1 车头时距 ··· 106
  - 9.3.2 饱和流率推荐值 ····································· 113
- 9.4 本章小结 ·· 114
- 参考文献 ··· 115

第10章 结论和展望 ·· 116
- 10.1 本书总结 ··· 116
- 10.2 研究展望 ··· 117

附录A 调查路口一览表 ·· 119
附录B 路口基本信息调查表 ······································ 121
附录C 信号交叉口配时表 ·· 123
附录D 文字补充示例 ·· 124
编后记 ··· 125

第 1 章 绪 论

1.1 研究背景与意义

1.1.1 研究背景

随着我国城镇化步伐越来越快,落后的城市交通系统已经成为制约城市可持续发展的主要瓶颈。城市交通拥堵、交通环境污染和交通事故引起社会的广泛关注,成为老大难问题。据统计,我国机动车保有量约以每年 5%的速度增长。截至 2017 年底,我国机动车保有量约 3.10 亿辆,其中汽车占比约 70.17%。2017 年,我国人员伤亡道路交通事故共计 203049 起,导致经济损失 12.1 亿元,造成约 6.3 万人死亡。以北京市为例,中心区高峰期的道路平均车速不到 20km/h,最低时仅为 4km/h。日益严重的交通问题不但影响城市经济建设和社会发展的运行效率,而且给人们的生活和工作带来极大的不便。图 1.1 展示了北京市拥堵状况。

图 1.1 北京市拥堵状况

与发达国家不同,我国城市交通很大程度上以混合交通为主。所谓混合交通是指各种交通工具或各种交通工具与行人共用同一单幅道路的交通现象。通常分为三种情况，即不同种类机动车的混合交通，机动车和非机动车的混合交通，机动车、非机动车与行人的混合交通。通常我们所说的混合交通指后两种情况。机动车与非机动车的混合交通是我国城市交通的主要特征。在我国的平原城市中，自行车仍然是居民出行的主要工具，如成都市、太原市、西安市、杭州市等地居民自行车出行的比例均在50%以上，天津市的这一比例更是高达60%。混合交通使我国许多城市的交通运行秩序混乱，交通事故频发，已有的交通控制系统，特别是以发达国家交通状况为背景的交通控制系统，无法充分有效地发挥效能。

在交叉口，行人交通流、自行车交通流与机动车交通流的混合交通尤为突出。机动车信号配时与行人流、自行车流一旦不协调，就会发生行人、自行车相互干扰的混乱现象，引发交叉口交通混乱，甚至交通事故。相关统计结果显示，美国55%、法国24%、英国33%、中国30%的城市交通事故发生在平面交叉口。在交通事故死亡人数中，约75%是行人、自行车骑车人及乘车人。仅2009年4月份，全国交叉路口发生的事故就导致783人死亡，占总数的15.5%。其中，公路交叉口事故导致的死亡人数占交叉路口事故总死亡人数的58.8%。2010年，杭州自行车事故同比上升16.19%；深圳自行车交通事故死亡89人；上海市自行车出行只占总出行量的24%左右，却有35.7%的交通事故发生在自行车和机动车之间，其中23.5%发生在平面交叉口。一组组数据显示，整治混合交通刻不容缓。

科学地诊治城市交通病是我国社会、经济发展过程中提出的重大需求，是科学界义不容辞的责任。第一步应该是全面系统、深刻入微地研究城市交通需求和交通流的形成机理，从本质上探索交通拥堵、交通环境污染和交通安全事故的产生原因和规律，为科学制定城市交通规划和发展先进的交通管理技术打下坚实的理论基础。

交通流是交通需求的实现结果，是交通需求在有限的时间与空间上的聚集现象。由于涉及人车路三者之间的相互关系，交通流的形成过程极其复杂，蕴涵大量基础科学问题。交通流理论应用数学或物理学原理，对交通流参数进行定性和定量分析，寻求道路交通流的变化规律，从而为交通规划和管理提供理论依据。综合运用行为科学、交通工程和信息科学知识，用数学物理模型刻画人们的出行决策、车辆跟驰和交通流量的网络分布，揭示城市交通流的自组织演变规律与拥堵突现轨迹，是交通流研究的核心内容。车辆的大量使用会引起交通拥挤等一系列问题，使学者开始关注并研究交通规律。学者先后提出各种各样的交通流模型，包括元胞自动机(cellular automata，CA)模型、跟驰模型、气体动力论模型和流体动力学模型等。

目前，交通流理论已取得很大进展，大量模型可以再现交通流复杂的非线性特性。但是，交通流理论，尤其是混合交通流理论，目前还没有形成完整的体系，许多交通现象未能得到合理的解释，理论模型不能准确模拟交通过程的演化。此外，大多数交通流模型都不能很好地指导城市交通规划、交通控制，以及道路工程设施设计。我国低速混合城市交通流的现状不可能迅速改变，交通规划目前仍然处于"小科学，大经验"的状况。本书正是针对目前交通流理论发展的现状，考虑机动车流、自行车流、行人流同时存在的混合交通系统，分别研究混合交通流的摩擦效应和喇叭效应，提出相应的混合交通流动力学模型。通过交通调查，结合北京的交通现状，给出北京市典型车道的饱和流率，为分析北京市道路和路网通行能力提供参考，为指导现实的交通实践提供理论依据。

1.1.2 研究意义

随着我国经济与社会的高速发展，城市交通机动化不断加快，实现城市道路建设与管理的基本目标更为紧迫。交通流理论作为研究交通流随时间和空间变化规律的理论和方法体系，是交通规划、道路与交通工程设计、交通控制与管理等科学技术工程领域的理论基础。由于交通问题关系到经济社会发展和人民生活质量，因此交通流理论一直是国内外交通领域的重要研究方向。

混合交通是我国城市交通的主要特征，也是交通管理的难点。混合交通现象的存在使交叉口运行秩序混乱，交通事故频发。严重的混合交通状况给城市交通管理带来许多难以治理的问题。流量-速度-密度模型是通行能力计算和交通仿真的基础，国内外对此进行了大量研究，取得丰硕的成果。但是，国外交通流往往是单一的小型机动车，研究结果并不适用于我国。我国城市道路交通流状况复杂，许多学者虽然进行了大量研究，但不甚全面，需要进一步完善。混合交通流理论研究取得很大进展，但没有形成完整的体系，许多交通现象缺乏合理解释。具体说来，存在如下不足。

① 许多学者根据实测调查的数据,对混合交通流的微观交通特性进行定性分析，但缺少定量描述和分析。这些成果虽然从一定程度上揭示了交通参与者的交通行为，但从定量角度揭示交通行为禀赋的研究相对不足。

② 一些学者运用交通流理论建立的数学模型能够从宏观上描述机非干扰程度，或者利用模拟仿真的方法，建立微观行为模拟系统，能够再现混合交通流的一种或多种复杂交通现象，但是大多缺乏实测数据的支撑，不能深入探讨交通冲突产生的内在机理，很大限度上停留在设想阶段。

交通流动力学模型包含时间和空间的状态方程，可以考虑交通参与者的加速度、惯性和可压缩性，不但有助于更好地理解交通流的特性，而且有助于对各种交通情况下交通流的动态特性进行深入分析。本书对混合交通流的研究集中在动力学模型的构建、交通特性的定性分析和交通实践上，用数学模型刻画混合交通流动力学模型及其交通特性，探索各种交通流状态的形成机理，揭示交通流的演化轨迹，为城市交通管理和交通控制提供坚实的理论基础和科学依据。

1.1.3 解决方法

交通系统是一个典型的远离平衡系统。对交通流理论的研究可以促进统计物理、非线性动力学、应用数学、流体动力学、交通工程学等众多学科的交叉和发展。交通系统包含人、车、路、环境，对各因素相互作用机理的研究有助于了解交通问题产生的根源。交通流理论应用数学或物理学原理，对交通流参数进行定性和定量分析，综合运用统计物理、流体力学、非线性动力学、应用数学和交通工程学等学科知识，建立描述交通流一般特性的模型，揭示交通状态特征及发展规律。交通流理论是一门非线性交叉科学。首先，交通流是非线性的。车辆速度与车流密度不是线性关系。其次，交通流方程及求解方法都是非线性的。交通流高阶连续模型本身是非线性的，而且很难求解析解，目前主要依赖数值计算。

交通过程是一个复杂的过程，既可以观察到非平衡的相变，又可以发现行走波、孤立波等非线性现象。交通过程主要采用交通流理论刻画，描述方法包括宏观方法、中观方法和微观方法。宏观方法研究车辆集体的平均行为，不显示单个车辆的个体特性。微观方法集中描述单个车辆在相互作用下的个体行为。在宏观、微观描述方法之间，存在一个能够将两者联系起来的中观方法，如气体动力学模型。不同的理论模型从不同角度研究交通流规律，各有优缺点，但建立的基础是一致的。因此，它们在一定意义上相互关联。

本书从动力学模型和交通实践两个层面对混合交通系统进行研究。根据混合交通流特点，在分析机动车流、自行车流、行人流三者共存的情况下，一方面利用交通流理论中微观变量与宏观变量之间的关系建立混合交通流动力学模型，另一方面结合北京市现实交通状况，对混合交通环境中典型车道饱和流率进行基础性研究。

1.2 主要内容及结构

混合交通是我国城市交通的主要特征，也是交通管理的难点。目前，混合交通的管理和控制是我国交通工程界面临的难点，也是国际交通工程领域研究的薄弱环节。我国道路系统特有的混合交通流形态与道路格局，使国外的交通流理论和方法并不能完全适用。因此，针对我国混合交通流特点，研究不同车流相互混杂的作用机理,建立描述混合交通流的动力学模型,探索混合交通流复杂特性,对提高混合交通流可控性、改善日益恶化的交通状况具有重要意义。

本书主要研究内容如下。

第 1 章绪论,阐述研究背景,由城市交通问题引入混合交通流交通特性的研究,明确本书的写作意图和研究意义。

第 2 章介绍交通实测、道路交通流和混合交通流研究概况,阐述混合交通流研究的难点与不足。

第 3 章研究混合交通流复杂驾驶行为,建立一组基于复杂驾驶行为的单车道 CA 模型。模型遵循以驾驶员决策、行动和结果为框架的 3 步更新规则,考虑减速限制、前车速度效应、慢启动规则等多种影响因素,能够模拟同步流、亚稳态和回滞等复杂交通现象。在分析模拟结果时,研究车流密度、慢化概率等因素对交通流状态的影响,归纳不同慢化概率下交通相变的过程。

第 4 章探讨混合交通流转向灯效应。在鸣笛效应和强行换道等双车道换道规则的基础上,提出基于转向灯效应的对称双车道换道规则。模拟结果表明,该模型在模拟混合交通系统时,能更好地消除中密度下由慢车形成的塞子,使系统流量大于鸣笛效应和强行换道模型的流量,并且能刻画出跨越多个连续时间步的动态超车行为。

第 5 章研究混合交通流右转车道影响,建立一个新的 CA 模型,模拟在十字路口处车辆的复杂转弯行为。仿真结果与在北京四环的观测基本吻合。研究发现,右转车辆可能在十字路口附近产生队列。为右转车辆设计短车道对于改善交通流有突出作用,但是过长的短车道并不会进一步降低停车率。

第 6 章研究混合交通流摩擦效应。考虑自行车流和行人流的摩擦干扰,将机动车流、自行车流和行人流分别看作统一的个体,建立三种个体跟驰模型,运用微观变量和宏观变量之间的关系,建立自行车流和行人流摩擦干扰下的混合交通流动力学模型。理论分析和数值实验结果表明,自行车流的摩擦效应会降低机动车流的流量和速度,行人流的摩擦效应会降低自行车流的流量和速度,但这种减少量均与自行车流(行人流)的密度有关。

第 7 章研究混合交通流喇叭效应。在机动车流、自行车流和行人流同时存在的混合交通系统中,建立考虑喇叭效应的自行车跟驰模型和行人跟驰模型。运用微观变量和宏观变量的关系,建立自行车流和行人流的宏观模型。数值实验结果表明,喇叭效应会提高自行车流(行人流)的速度和流量。

第 8 章研究混合交通流行人可变步长,提出一种考虑行人可变步长的扩展移动格子气(lattice gas,LG)模型。该模型首先扫描各种可能的步长,然后根据步长因子的概率确定运动方向。单房间单出口的仿真结果表明,可变步长的行人比固定步长的行人疏散速度快。同时,我们将该模型应用于地铁站在线路换乘或疏散时的实际情况，研究四种常用的客流管理措施，并探讨其有效性。

第9章研究混合交通流车道饱和流率，是对混合交通流理论的补充，侧重于交通实践，展现对北京市五环内36个信号交叉口交通调查的数据分析结果。通过对大量的实测数据和精确的统计分析，北京市不同类型车道的饱和车头时距近似服从正态分布。在此基础上，给出北京市最常见的五种车道类型，即专用右转车道、专用左转车道、直行车道、直右车道、直左车道的饱和车头时距推荐值和饱和流率推荐值。

第10章对全书的研究工作进行总结，并对下一步工作进行展望。

第2章 交通实测与混合交通流研究概况

2.1 交通实测

交通流是交通需求的实现结果,是交通需求在有限的时间与空间上的聚集现象。由于涉及人车路之间的相互关系,交通流的形成过程极其复杂,蕴涵大量的基础科学问题。综合运用行为科学、交通工程和信息科学知识,用数学、物理模型刻画人的出行决策、车辆跟驰和交通流量的网络分布,揭示城市交通流的自组织演变规律与拥堵突现轨迹,是交通流研究的核心内容[1]。交通流的一般特性包括自由流相和拥挤流相。Kerner等[2-4]又将拥挤流分为同步流和宽运动堵塞。人们常用流量、速度、密度及其之间的关系刻画这些特性。

2.1.1 基本概念

1. 流量-密度-速度

描述交通流的特征有三个主要参数,分别为交通量、速度和密度。速度和密度反映交通流从道路获得的服务质量,而交通量可度量车流数量和交通设施的需求状况。这三个参数是交通流最基本的度量指标,其变化规律反映交通流的基本性质。

① 交通流量 q。它指单位时间内通过观测点的车辆数目,即

$$q = \frac{N}{T} \tag{2.1}$$

其中,T 为观测时间长度;N 为观测时间内通过观测点的车辆数。

② 车辆速度 v。它指车辆在单位时间内驶过的距离,简称车速。通过观测能得到车辆的瞬时速度 v,即

$$v = \frac{\mathrm{d}x}{\mathrm{d}t} = \lim_{\Delta t \to 0} \frac{x_2 - x_1}{t_2 - t_1} \tag{2.2}$$

其中,t_1、t_2 为先后两个测量时间;x_1、x_2 为车辆在 t_1、t_2 时刻的位置。

③ 车流密度 ρ,又称交通流密度。它指在单位长度(通常为 1km)路段上,一个车道或一个方向某一瞬时的车辆数。车流密度用来表示一条道路上车辆的密集程度,即

$$\rho = \frac{q}{v} \tag{2.3}$$

其中，$\bar{v}$ 表示平均车速。

2. 车头时距和车头间距

车头间距是交通流中连续两辆车之间的距离，用两辆车相同部位(如前保险杠、后轴等)的间距度量。车头时距是交通流中连续两辆车通过车道或道路某一点的时间差，也用两辆车的相同部位来度量。

由于车头间距和车头时距与交通流中各自成对的车辆有关，因此可以认为这些特性是微观的。车头间距和车头时距分布在一定的数值范围内，一般与交通流速度和运行条件有关。总体上，这些微观参数与密度、流率等交通流宏观参数有关。

车头间距是一个距离参数，可通过测量某一时刻连续两辆车相同部位之间的距离确定。通常需要复杂的航空摄影技术，因此一般可通过其他能直接测量的参数推算。相反，车头时距可方便地利用秒表记录。

2.1.2 测量方法

交通实测最好的方法是航拍，不仅可以跟踪每一辆车的轨迹和换道情况，还可以了解车流的宏观性质。另一种方法是使用车辆跟驰数据，但要求在相邻的两辆车上安装合适的装置，且不允许后车超车。

实际上，大部分数据是通过埋设在道路上的探测头采集得到的。单探测头可以记录一段时间 ΔT 内经过的车辆数 ΔN，以及车辆到达和离开探测头的时间 t_α^0 和 t_α^1。这样就可以计算车头时距，即

$$\Delta t_\alpha = t_\alpha^0 - t_{\alpha-1}^0 \tag{2.4}$$

其中，α 为第 α 辆车；$\alpha-1$ 为前车。

探测头占有率为

$$O(x,t) = \frac{1}{\Delta T}(t_\alpha^1 - t_\alpha^0) \tag{2.5}$$

流量为

$$q(x,t) = \Delta N / \Delta T \tag{2.6}$$

其中，x 为探测头位置；t 为记录时间。

2.1.3 基本图与迟滞

人们对交通流量 q、车辆速度 v、车流密度 ρ 之间函数关系的研究已有几十年历史。基本图一般用来描述流量与密度之间的拟合函数关系，即

$$q_e(\rho) = \rho u_e(\rho) \tag{2.7}$$

其中，$u_e(\rho)$ 为拟合的实测速度密度函数关系，是一个单调减函数，即 $\mathrm{d}u_e(\rho)/\mathrm{d}\rho \leqslant 0$。

大部分实测证实了 q、v、ρ 具有以下性质。

① 在低密度时,速度保持自由流速度,流量随密度线性增长。随着密度增大,速度将减小。当达到最大密度时,速度降到零。流量在中间密度范围内存在一个最大值。

② 实测的流量密度关系是间断的,看起来像是字母 λ 的镜像。这个反 λ 的两分支分别用来定义自由流和拥挤流。在拥挤交通中,其平均速度显著低于自由交通。流量密度关系的间断,意味着存在一个亚稳态区域 $\rho_{c1} \leq \rho \leq \rho_{c2}$,其中 ρ_{c1} 和 ρ_{c2} 表示两个关键密度。亚稳态区域的存在产生迟滞现象,即发生自由流到拥挤流这一相变时的车流密度往往高于相反方向相变的车流密度。亚稳态概念可以解释幽灵塞车现象(不知何种原因自发形成的交通堵塞)。这是因为发生幽灵塞车时,车辆密度处在亚稳态范围。此时,若存在一个大于临界扰动幅度的小扰动,它的幅度将逐渐增大,最后形成堵塞。

③ 拥挤交通的流量密度数据呈现二维散布,如果增加数据统计的样本时间 ΔT,散布效应将减弱。

流量-密度关系图反映 q 和 ρ 之间的函数关系。图 2.1 为加拿大高速公路实测流量-密度关系图[5]。图 2.2 为德国高速公路实测流量-密度关系图[6]。

交通堵塞是最常见、研究最广泛的一种交通现象,研究者从多方面探讨成因[2,7-9]。外界施加的扰动(交通事故或障碍物)、交通瓶颈等是诱发交通相变的重要因素[10-12],而车辆密度是影响交通流相变的一个重要因素。学术界对于造成幽灵堵塞的真正原因一直存有争论。一部分研究交通状况的科学家相信,即便幽灵般的交通堵塞也是由外部因素造成的——道路几何条件的限制(如弯路、山坡等)

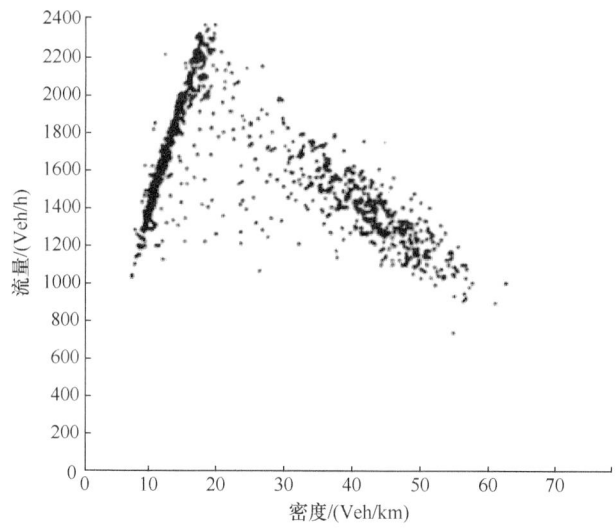

图 2.1 加拿大高速公路实测流量-密度关系图

或不规则的驾驶行为(如突然换道等)。如果没有这些外部因素,流量-密度关系应该是处处光滑的,不会出现任何间断。另一些研究人员则相信,如果车辆密度超过某一临界值,交通堵塞便会自然而然地出现[13]。

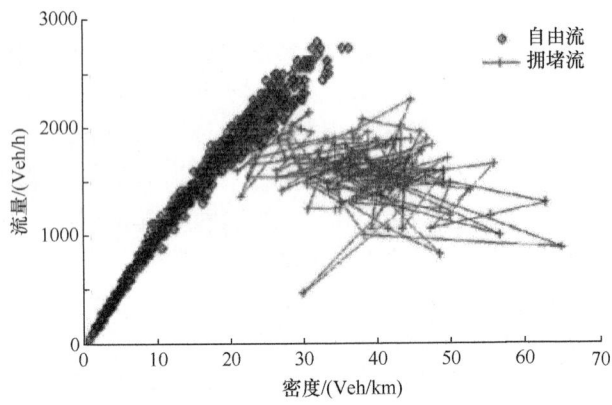

图 2.2　德国高速公路实测流量-密度关系图

Zhang[8]通过一系列多车道高速公路的航拍图,得到自发形成交通堵塞的实测证据。图 2.3 为车辆航测轨迹图。每一条线对应高速公路一条车道上一辆车的运动轨迹,不连续的轨迹则对应车辆的换道。图 2.3 清楚地展示了交通堵塞的形成及向上游传播的过程。

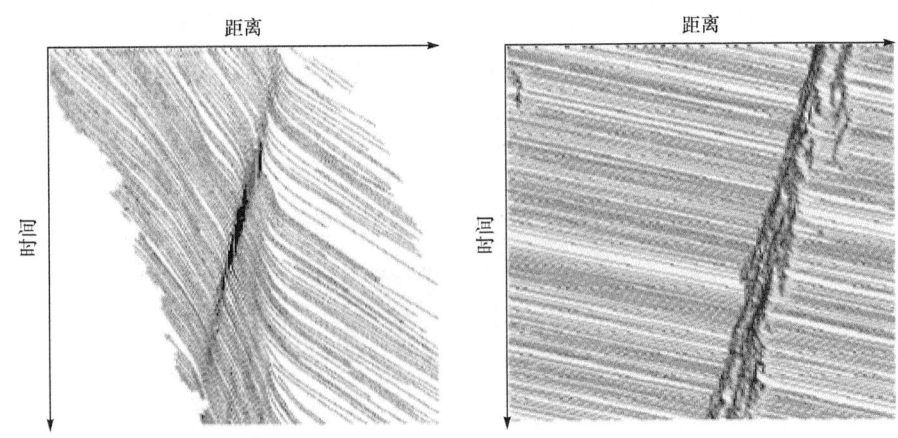

图 2.3　车辆航测轨迹图

Sugiyama 等[14]通过一个简单的实验发现,当公路上的车辆密度超过某一特定阈值时,交通堵塞便会出现。他们认为,这是由多粒子相互作用固有的基本不稳定性导致的。图 2.4 为 Sugiyama 等的实验快照。

图 2.4 Sugiyama 等的实验快照

2.1.4 交通流临界相变

交通流的相变过程指交通流状态在不同交通流相(包括自由流相、同步流相和交通堵塞流相)之间的转变过程[15]。本节介绍三相交通流理论。

图 2.5 为多车道交通流相变示意图。自由流相又称畅行相。在自由流中，车辆之间的相互作用可以忽略，每辆车均以期望速度运动，因此车流量随车辆密度线性增大。可以看到，自由流相的分支 F 形态为直线，斜率就是畅行速度。

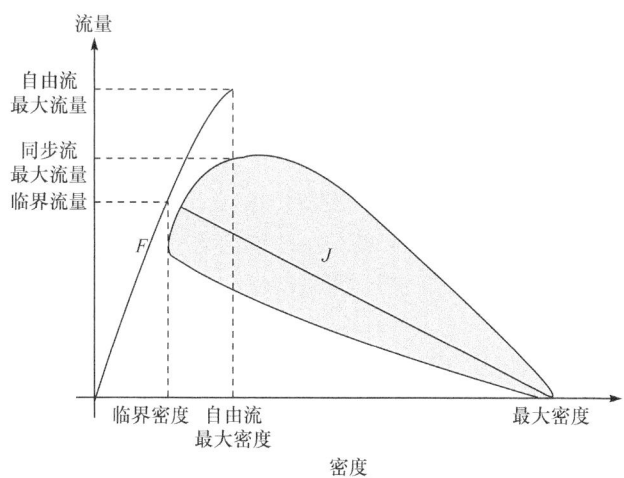

图 2.5 多车道交通流相变示意图

所有非畅行相的状态都称为拥塞相，包括宽幅运动阻塞和同步交通流。宽幅运动阻塞发生在车辆密度很高的区域，车辆的平均速度和流量均很小。阻塞区域的宽度(即车辆排队长度)比车辆速度突然变化的波前宽度大很多,并以近乎常值的特征速度向上游运动。宽幅阻塞的另一个特性是流出流量与流入阻塞区域的流量无关。在图 2.5 中,宽幅运动阻塞出现在一条直线 J 上。

不属于宽幅运动阻塞的拥塞交通构成同步交通流。处于同步流的车辆平均速度明显低于自由流。然而,流量比宽幅运动阻塞的流量大得多。同步交通的主要特性是没有明确的流量-密度关系,即实测数据点无规则地弥散于基本图很大的二维区间内。

2.2 道路交通流研究

道路交通流理论研究的目标是建立能够描述实际交通一般特性的交通流模型,加深人们对复杂多体系统平衡态和远离平衡态时演变规律的认识,指导交通系统的规划设计、管理和控制。根据研究方法的不同,道路交通流模型可分为微观模型、宏观模型和中观模型。

2.2.1 宏观道路交通流模型

宏观道路交通流理论将交通流作为由大量车辆组成的可压缩连续流体介质,研究车辆集体的综合平均行为,其中单个车辆的个体特性并不显式出现。在交通流动力学中,人们常把车辆流看做流体流。但事实上,两者存在一定的异同。

流体流的连续性假设是,流体力学中的流体介质是由分子组成的,而分子之间存在间隙。从微观角度看,流体并不是连续分布的物质。研究流体的宏观运动时,最小流体微元是体积无穷小的流体微团(流体质点),即不考虑分子之间存在的间隙,不讨论各流体分子的运动,而是将流体视为连续介质。

流体具有易流动性、黏性和可压缩性。车流达到一定密度后,由于彼此间的相互干扰呈现出一定的黏性特征,车流受交通灯、交通警察、收费站和路况等因素的制约,车辆时开时停、时快时慢。这种扰动会以交通波的形式传播,因此交通流有一定的可压缩性。在交通流动力学研究中,人们经常把交通流看作低速气体流动。

然而,车流与气流又有很大区别。气流由大量无规则运动的气体分子组成,在不断地碰撞。交通流由一定数量、相对有序运动的车辆组成。因此,把交通流比拟为特殊的低速气流尚有许多不确定性。交通流体比寻常流体复杂,流动描述难免有经验色彩。

交通流动力学的发展始于 Lighthill-Whitham-Richards(LWR)模型[3,4]。LWR 理论把车流密度的变化比拟成水波的起伏,抽象为车流波。在建立交通流的连续性方程时，将流体力学中质量守恒的基本原理应用到交通流，认为在两个观测点之间如无车辆来源或消失，则车辆数守恒，可以归结为如下守恒方程，即

$$\frac{\partial \rho}{\partial t} + \frac{\partial q}{\partial x} = s(x,t) \tag{2.8}$$

其中，ρ 为车流密度；q 为交通流量；$s(x,t)$ 为流量产生率，x 和 t 分别为空间和时间。

经典 LWR 模型考虑的道路没有进出匝道，即 $s(x,t) = 0$。

LWR 理论还认为，均衡状态下的平均速度 v 与交通密度 ρ 存在以下关系，即

$$v = v_e(\rho) \tag{2.9}$$

其中，$v_e(\rho)$ 为均衡速度函数。

此外，流量、密度和速度之间满足下式，即

$$q = \rho v \tag{2.10}$$

如果将式(2.8)和式(2.9)代入式(2.10)，可以得到下式，即

$$\frac{\partial \rho}{\partial t} + \left(v_e(\rho) + \rho \frac{\mathrm{d}v_e(\rho)}{\mathrm{d}\rho} \right) \frac{\partial \rho}{\partial x} = 0 \tag{2.11}$$

式(2.11)描述非线性运动波以速度 $v(\rho) = v_e(\rho) + \rho \frac{\mathrm{d}v_e(\rho)}{\mathrm{d}\rho}$ 传播。随着时间的变化，该运动波演化成激波，波前越来越陡峭，直到垂直，导致交通流密度的不连续分布。实际上，车流密度分布并不会如此极端。因此，为了平滑这种激波，可以在式(2.11)中加上一项扩散项 $D\frac{\partial^2 \rho}{\partial x^2}$，以反映车辆的扩散效应，使运动波分布连续，即

$$\frac{\partial \rho}{\partial t} + v_e(\rho) \frac{\partial \rho}{\partial x} = -\rho \frac{\mathrm{d}v_e(\rho)}{\mathrm{d}\rho} \frac{\partial \rho}{\partial x} + D \frac{\partial^2 \rho}{\partial x^2} \tag{2.12}$$

LWR 模型可以得到简单交通流问题的解析解，并证明交通激波的存在、拥堵的产生与疏导。如果式(2.8)右端的 $s(x,t)$ 不恒为 0，还可再现车辆进出匝道时的一些交通现象。由于速度 $v(x,t)$ 与密度 $\rho(x,t)$ 的关系总处于平衡状态，因此模型不能反映非均衡状态下交通流的动力学特性，如交通流失稳、走走停停等。

2.2.2 微观道路交通流模型

研究交通流的微观方法主要有跟车模型和 CA 模型。

1. 跟车模型

跟车模型认为交通流由分散的粒子组成，以单个车辆为描述对象，通过研究

前车对后车的作用可以了解交通流的特性。从力学观点来看，这实际上是质点系动力学模型。假设车队中的每一辆车必须与前车保持一定的间距以免发生碰撞，后车加速或减速取决于前车。考虑车辆对刺激反应滞后的阻尼效应，以及车辆运动的随机性，我们可以建立后车与前车的相互关系。在跟车理论中，假设每辆车直接受前方车辆的影响，这符合实际的交通情况。这样，每辆车的运动规律可以用一个常微分方程来描述。方程的项通常与前方的车间距、相对速度，以及自身速度有关，通过求解微分方程就可以确定车流的演化过程。跟车模型的一般形式可写为[16]

$$\ddot{x}_n(t) = f_{sti}(v_n(t), \Delta x_n(t), \Delta v_n(t)) \tag{2.13}$$

其中，$f_{sti}()$ 为第 n 辆车对前车刺激产生的反应，采用不同的 $f_{sti}()$ 可以得到不同的跟车模型；$x_n(t)$ 和 $v_n(t)$ 为第 n 辆车在 t 时刻的位置和速度；$\Delta x_n(t) = x_{n+1}(t) - x_n(t)$ 为第 n 辆车在 t 时刻与前车之间的距离；$\Delta v_n(t) = v_{n+1}(t) - v_n(t)$ 为相对速度。

跟车模型的研究可分为两个阶段。早期跟车模型主要有 Pipes 模型[17,18]、California 模型[19]、两倍视野模型[20]、Newell 模型[21]、Edie 模型[22]和 Gazis 模型[23,24]等。这些模型大多只考虑前后两车速度差对跟随车的影响，可用来模拟单车运动规律，且从直观上为建立交通流微观模型和宏观模型搭起了桥梁。但它们的缺陷也显而易见，当跟随的两车速度相等时，不管两车间距多远，跟随车辆都不会做出反应，这显然是不合理的。因此，早期跟车模型不能正确地描述车辆的加速过程。

后来，Bando 等[25]提出一个新的跟车模型，即最优速度模型(optimal velocity model, OVM)，研究周期边界条件下车流的动力学行为。结果发现，当交通流处于不稳定状态时，会出现走走停停现象，在系统的时空演化图上交替出现高密度和低密度区域。Komatasu 等[26]用摄动理论分析交通密度波，描述不稳定区域的密度波。Muramstsu 和 Nagatani[27,28]发现稳定区域内的密度波可用 Burgers 方程描述。与实测数据相比，OVM 会出现太高且不切实际的加(减)速度。1998 年，Helbing 等[29]为解决 OVM 的不足，提出广义力模型(generalized force model, GFM)。该模型克服了 OVM 加速度过大的缺陷，但 GFM 启动车辆延迟时间过长，且启动时小扰动传播速度过慢。Jiang 等[30]根据交通流实际特征，在 GFM 的基础上提出全速度差模型，它能够反映交通的实际特征，得到与实测结果相符的减速度和小扰动传播速度。

2. 交通流 CA 模型

CA 模型基于时间和空间都离散的动力系统。散布在规则格网中的每一个元胞选取有限的离散状态，遵循同样的作用规则，依据确定的局部规则作同步更新。

大量元胞通过简单的相互作用，构成动态系统的演化。与一般的动力学模型不同，CA 模型不是由严格定义的物理方程或函数确定的，而是由一系列规则构成。凡是满足规则的模型都可以算作 CA 模型，因此 CA 模型是一类模型的总称，或者说是一个方法框架。其特点是时间、空间和状态都离散，每个变量只取有限个状态，且状态改变的规则在时间和空间上都是局部的。

交通流 CA 模型由元胞、元胞空间、邻居和演化规则四部分组成。元胞是 CA 模型的基本组成部分，分布在离散的一维或二维空间的格点上。元胞空间是元胞分布在空间上的网格点的集合。在给出演化规则之前，必须定义一定的邻居规则，明确哪些元胞属于该元胞的邻居。演化规则即根据元胞当前状态，以及邻居状况，确定下一时刻该元胞状态的函数，也称状态转移函数。

交通流 CA 模型的主要优点包括两个方面。一是模型简单，特别易于计算机实现。建立模型时，我们将路段分为若干个长度为 L 的元胞，一个元胞对应一辆或几辆汽车，或者几个元胞对应一辆汽车。每个元胞的状态为空，或者为容纳车辆的速度，每辆车都同时按照规则运动。二是能够再现各种复杂的交通现象，反映交通流特性。在模拟过程中，人们通过考察元胞状态的变化，不仅可以得到每一辆车在任意时刻的速度、位移，以及车头时距等参数，描述交通流的微观特性，还可以得到平均速度、密度、流量等参数，呈现交通流的宏观特性[31]。

2.2.3 中观道路交通流模型

在宏观模型和微观模型之间，还存在一个能够把两者联系起来的中观方法，即基于概率描述的气体动理论模型。

在气体动理论模型中，交通流被看作相互作用的粒子，其中每个粒子代表一辆车。人们通过积分关于相空间密度分布函数的 Boltzmann 方程，引入近似关系来封闭得到的方程组，进而得到宏观交通流模型方程组。

2.3 混合交通流研究

混合交通流又称为非同质交通流，指多种交通参与者(包括摩托车、自行车、行人与机动车)共用车道的交通流。我国道路的交通流状况复杂，学者进行了大量的混合交通流模型研究。

2.3.1 主要影响因素

1. 城市快速路

① 道路状况。道路状况包括道路的线形特征和沿线土地的使用性质、车道数、

车道宽度、中间分隔带、机非隔离带的类型等。

干道环境会限制驾驶人员的愿望速度(即已知条件下期望的最大速度)。所有驾驶人员的平均愿望速度也称自由流速度。随着车道数的增加，道路通行能力会增大。在多车道路段上，同向行驶的车辆由于超车、绕越、停车等原因影响另一条车道的通行能力。研究表明，靠近道路中心线的车道受到的影响最小，假设为1.00。其余车道的折减系数如下，第二条车道 0.8~0.89，第三条车道 0.65~0.78，第四条车道 0.50~0.65。

车道宽度对出行者舒适性影响很大。车道宽度达不到要求会直接影响车速，而车速降低意味着通行能力的减小。

城市道路一般设置中央隔离带，可以增加道路安全性和通行能力。

② 车辆特性。道路上行驶的机动车种类主要有公共汽车、卡车、私人小汽车和摩托车。它们都有各自的性能特征，包括车辆类型和尺寸、转弯半径、行驶阻力、加减速性能等。性能特征决定车辆在道路上的运行特性。

车辆的运行特性包括自由行驶、干扰影响或干扰影响解除后，跟随车期望超车且间距足够，则进行超车。

研究表明，以时速 100km 运行的车辆超越时速 60km 的慢车时，首先需要减速行驶约 4s，然后再加速到 100km/h 进入相邻车道，行驶 10s 运行 300m 后返回原车道。超车过程比正常速度行驶损失 4s。

③ 驾驶员特性。驾驶员的行为对整个系统的运行有重大影响。驾驶员获得信息的能力和反应能力是驾驶员特性的重要方面。驾驶员的反应能力、辨别能力、驾驶的倾向性和稳定性决定其能否控制车辆速度、保持安全状态，以及选择便捷的路线。

研究表明，在驾驶员接收的信息中，大约 90%是可视的，因此驾驶员在什么速度对信息作出积极反应至关重要。描述紧急情况下驾驶员反应速度的一个重要指标是视距，它是确定道路几何特征的参数之一。其他因素，如夜间驾驶、酒精和药物影响、高龄驾驶也会对驾驶员行为产生影响。

2. 城市主干道

与快速路相比，城市主干道的交通流情况更复杂，不仅有不同车型的机动车混合，更有机动车与非机动车的混合，而且后者所占比例更重。因此，道路状况、车辆特性、驾驶员特性等因素同样影响主干道。除此之外，下列因素对主干道交通流的影响更为显著。

① 交通信号影响。市内道路纵横交错，与主干道相交的地方，一般设置信号交叉口。交叉口成为道路交通的咽喉，相交道路的各种车辆和行人都要在交叉口处汇集和通过，因此交叉口成了主干道交通的关键点。信号交叉口的存在，使到

达交叉口的车辆在时间上进行了分离，车辆行驶不能保持连续进行，在主干道上形成间断交通流。

由于交叉口信号控制，当车辆行驶方向遇到红灯时，车辆开始等待，出现排队现象。当红灯转绿灯时，排队车辆以饱和流率连续地通过交叉口，以车队形式前进，因此主干道车辆运行带有脉冲的性质。交通信号引起的车辆延误与车速改变会大大降低城市干道的通行能力和交通流的质量。

② 进出口道影响。进出口道使运行车辆必须在一定长度限制内选择相邻车道上可以接受的间隙进行加减速操作，完成车道变换。因此，驾驶员需要频繁地进行速度调整，对相邻道路的速度、流量都会产生影响。

③ 行人、非机动车影响。非机动车流具有摇摆性、离散性、群体性、潮汐性、多变性等特征。由于机动车和非机动车交通流在道路空间占有率和运行速度等交通特性上的不同，因此机非混合交通流具有与纯机动车交通流明显不同的特征。

非机动车对机动车的干扰一般有两种形式，即摩擦干扰和阻滞干扰。摩擦干扰指非机动车侧向接近机动车道的车辆时，驾驶员由于安全原因，降低车速行驶，从而使机动车受到影响。阻滞干扰指非机动车占用机动车道阻挡了机动车的行驶，迫使机动车减速行驶，造成延误。

机非混合的程度与非机动车道负荷度、机动车道负荷度、公交站点的设置形式，以及路边停车情况等有很大关系。

车辆之间的相互作用由交通密度、卡车和公共汽车所占的比例及转弯车辆造成，会影响交叉口车辆的运行。在信号交叉口之间的路段上，因为很少有驾驶人员能达到其愿望速度，所以这种相互作用影响较小。

2.3.2 研究现状

对于混合交通流模型的研究，以 CA 模型和流体动力学为基础的研究目前最为常见。表 2.1 列举了基于 CA 的混合交通流模型[30-35]。

表 2.1 基于 CA 的混合交通流模型

边界条件	考虑因素	适用道路	基础模型
周期型	考虑不同类型车辆性能差异	单车道	VDR 模型
开放型	考虑长度、最大速度不同的车辆	单车道	NS 模型
开放型	考虑公交车站设置	城市干道	改良 NS 模型
周期型	考虑有效间距及刹车灯的作用	单车道	NS 模型
周期型	引入不同的刹车概率	单车道	NS 模型
开放型	引入转道规则	双车道	NS 模型

续表

边界条件	考虑因素	适用道路	基础模型
周期型	考虑混合车辆速度差异	单车道	NS 模型
周期型	刹车概率分开为独立的加速和减速概率,引入转道规则	双车道	NS 模型
开放型	FI 模型和 NS 模型混合	单车道	NS 模型, FI 模型
周期型	自行车和汽车"人车"混合交通流模型	双向两车道	CA184 号规则
周期型	考虑转道概率和超车视距	双向两车道	NS 模型
周期型	考虑公交车辆和港湾式公交停靠站	单车道	NS 模型
周期型	考虑两种不同的车辆长度、速度及转向效应	十字交叉口	BML 模型

注:VDR 模型指速度随机慢化(velocity dependent randomization, VDR)模型;FI 模型指 Fukui-Ishibashi 模型;NS 模型指 Nagel-Schreckenberg 模型;BML 模型指 Biham-Middleton-Levine 模型。

目前,国外对平面信号交叉口混合交通流中机非干扰问题的研究比较少,国内的相关研究成果反而多一些。归纳来看,目前国内对平面信号交叉口混合交通流的研究多集中在宏观模型方面,研究方法主要有以下三种。

① 根据实测调查数据,对信号交叉口机非干扰进行定性分析。这些成果使人们对混合交通的机非干扰特性有了初步的定性认识,但缺少定量描述和分析。

② 运用交通流理论,建立数学解析模型,求出机非干扰系数。这些成果主要从宏观上描述机非干扰程度,并没有探讨干扰产生的机理,而且建立的模型没有考虑混合交通流的组成结构、路口几何特征等影响因素。

③ 运用模拟方法,将交叉口的道路面积或者绿灯时间作为可变项,从宏观层面模拟混合交通流的干扰。此外,也有学者提出通过微观行为模型,建立模拟系统来研究机非干扰问题,但仅仅是设想。

参 考 文 献

[1] 唐铁桥. 两车道交通行为及其动力学特性研究[D]. 北京: 北京航空航天大学, 2006.
[2] Kerner B S, Rehborn H. Experimental features and characteristics of traffic jams[J]. Physical Review E, 1996, 53(2): R1297-R1300.
[3] Kerner B S. Synchronized flow as a new traffic phase and related problems for traffic flow moddling[J]. Mathematical & Computer Modelling, 2002, 35(5-6): 481-508.
[4] Kerner B S. The Physics of Traffic[M]. Berlin: Springer, 2004.
[5] Hall F L, Allen B L, Gunter M A. Empirical analysis of freeway flow-density relationships[J]. Transportation Research A, 1986, 20(3): 197-210.
[6] Nagel K, Wagner P, Woesler R. Still flowing: Approaches to traffic flow and traffic jam modeling[J]. Operations Research, 2003, 51(5): 681-710.

[7] Ross P. Traffic dynamics[J]. Transportation Research Part B, 1988, 22: 421-435.
[8] Zhang H M. A theory of nonequilibrium traffic flow[J]. Transportation Research Part B, 1998, 32: 485-498.
[9] Papageorgious M. A hierarchical control system for freeway traffic[J]. Transportation Research Part B, 1983, 17: 251-261.
[10] Papageorgious M, Blosseville J M, Hadj-Salem H. Macroscopic modeling of traffic flow on the Boulevard Peripherique in Paris[J]. Transportation Research Part B, 1989, 23: 251-261.
[11] Michalopoulos P G, Yi P, Lyrintais A S. Continuum modeling of traffic dynamics for congested freeways[J]. Transportation Research Part B, 1993, 27: 315-332.
[12] Mohan R, Ramadurai G. State-of-the-art of macroscropic traffic flow modelling[J]. International Journal of Advances in Engineering Science & Applied Mathematics, 2013, 5(2-3): 158-176.
[13] Nagtani T. Dynamical jamming transition induced by a car accident in traffic-flow model of a two-lane roadway[J]. Physica A, 1994, 202(3-4): 449-458.
[14] Sugiyama Y, Satoshi Y. Traffic jams without bottlenecks-experimental evidence for the physical mechanism of the formation of a jam[J]. New Journal of Physics, 2008, 10(4): 131-143.
[15] 贾斌, 高自友, 李克平, 等. 基于元胞自动机的交通系统建模与模拟[M]. 北京: 科学出版社, 2007.
[16] Treiber M, Hennecke A, Helbing D. Congested traffic states in empirical observations and microscopic simulation[J]. Physics Review E, 2000, 62: 1805-1824.
[17] Pipes L A. An operational analysis of traffic dynamics[J]. Journal of Applied Physics, 1953, 24: 274-281.
[18] Pipes L A. Car following models and the fundamental diagram of road traffic[J]. Transportation Research, 1967, 1: 21-29.
[19] Chandler R E. Traffic dynamics: Studies in car following[J]. Operations Research, 1958, 6(2): 165-184.
[20] Herman R. Traffic dynamics analysis of stability in car following[J]. Operations Research, 1959, 7(1): 86-106.
[21] Newell G D. Nonlinear effects in the dynamics of car following[J]. Operations Research, 1961, 9(2): 209-229.
[22] Edie L C. Car following and steady state theory for non-congested traffic[J]. Operations Research, 1962, 9(1): 66-76.
[23] Gazis D C. Car following theory of steady state traffic flow[J]. Operations Research, 1959, 7(1): 449-505.
[24] Gazis D C, Herman R, Rothery R W. Nonlinear follow-the-leader models of traffic flow[J]. Operations Research, 1961, 9(2): 545-567.
[25] Bando M, Hasebe K, Nakayama A, et al. Dynamical model of traffic congestion and numerical simulation[J]. Physical Review E, 1995, 51(2): 1035-1042.
[26] Komatasu T, Sasa S. Kink solution charactering traffic congestion[J]. Physical Review E, 1995, 52(5): 5574-5581.
[27] Muramatsu M, Nagatani T. Soliton and kink jams in traffic flow with open boundaries[J].

Physical Review E, 1999, 60(1): 180-187.

[28] Nagatani T. Density wave in traffic flow[J]. Physical Review E, 2000, 61(4): 3564-3570.

[29] Helbing D, Tilch B. Generalized force model of traffic dynamics[J]. Physical Review E, 1998, 58(1): 133-138.

[30] Jiang R, Wu Q S, Zhu Z J. Full velocity difference model for car-following theory[J]. Physical Review E, 2001, 64(1): 17101.

[31] 贾斌. 交通瓶颈处车流复杂动态特性的元胞自动机模拟[D]. 合肥: 中国科学技术大学, 2003.

[32] Salcido A, Hernándezzapata E, Carreónsierra S. Exact results of 1D traffic cellular automata: The low-density behavior of the Fukui-Ishibashi model[J]. Physica A, 2018, 494: 276-287.

[33] Qian Y S, Feng X, Zeng J W. A cellular automata traffic flow model for three-phase theory[J]. Physica A, 2017, 479: 509-526.

[34] Jin S, Qu X, Xu C, et al. An improved multi-value cellular automata model for heterogeneous bicycle traffic flow[J]. Physics Letters A, 2015, 379(39): 2409-2416.

[35] Yang D, Qiu X, Ma L, et al. Cellular automata-based modeling and simulation of a mixed traffic flow of manual and automated vehicles[J]. Transportation Research Record, 2017, 2622(1): 105-116.

第3章 混合交通流复杂驾驶行为研究

交通流理论研究的目的是建立描述实际交通特性的交通流模型。CA 模型建立了时间和空间均离散的动力学系统,可以较好地刻画粒子运动的各种微观特性。NaSch 模型[1]是最基础的一维单车道交通流 CA 模型,可以描述自发堵塞、时走时停波等一些基本交通现象。基于 NaSch 模型,人们发展了许多交通流 CA 模型,主要围绕随机慢化规则、亚稳态与回滞的产生、前车速度与作用范围、加速与减速限制等展开,包括 FI 模型[2]、巡航驾驶模型[3]、慢启动模型[4-10]、刹车灯模型[11]、三相交通流模型[12]、考虑前车速度和减速限制的 CA 模型[13-15]等。这些模型大部分采用 NaSch 模型的四步更新规则,以更新车辆速度和车辆位置为核心。其中,车辆速度主要受前车距离和随机慢化概率的影响。

车辆速度的变化取决于司机决策。司机决策分为加速、减速、保持匀速等几种情况,即司机决策的对象通常是加速度。本章考虑司机的驾驶行为,以加速度为决策变量,按照决策、行动、结果的行为过程,建立基于驾驶决策的 CA 模型。在此基础上,分析车流密度和慢化概率对交通流相变过程的影响。本章建立了三种模型,分别为考虑减速限制的驾驶行为模型、考虑减速限制与速度效应的驾驶行为模型和加入慢启动规则的驾驶行为模型。这些模型能够真实地刻画驾驶员追求安全、平稳、节能的驾驶行为偏好,模拟同步流现象,具有较强的理论创新意义。

3.1 驾驶行为分析与假设

结合实际观测,我们对单车道的司机驾驶行为做如下假设。

① 司机驾驶行为可以分为决策、行动和结果三个阶段。其中,决策阶段是核心。

② 在决策阶段,司机决定当前时刻车辆的加速度状态,即加速、减速、保持匀速。决策可能受到前车距离、自身速度、前车速度或其他不确定因素的影响。司机不能直接获知前车速度,只能根据前车间距的变化与自身车速进行对比,估计前车速度。估计具有滞后性,即根据前一时刻前车速度估计当前时刻前车速度。同时,假设司机总是对前车行驶状况做最坏打算,认定前车会以最大减速度突然减速。

③ 在行动阶段，司机对决策进行操作。操作过程中会出现随机慢化(或快化)的现象。

④ 在结果阶段，根据所有司机的操作结果，更新整条道路上车辆位置。

⑤ 车辆的最大加速度为 1，最大减速度为 2，最大速度为 5，最小速度为 0。

NaSch 模型只考虑前车距离的影响，将前车视为静止，并且对前车速度的估计存在滞后性，但这里假设②考虑前车速度效应。图 3.1 为同步估计前车速度的效果示意图，格中数字表示车辆速度。如果估计没有滞后，在高密度时会出现许多车辆以相同速度同时前进的情况，不符合实际。假设②和⑤将前车速度与减速限制结合，因此考虑前车速度成为可能。

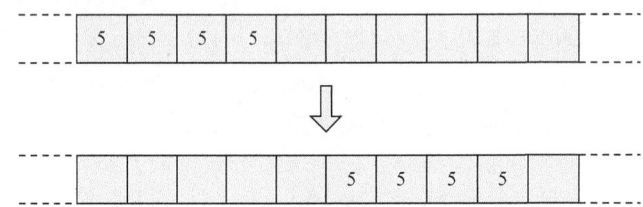

图 3.1 同步估计前车速度的效果示意图

令 L 表示道路长度，即 L 个元胞构成一条单车道；元胞自上游至下游依次编号为 $1,2,\cdots,L$；N 表示道路上的车辆数；n 为车辆编号；车辆自下游至上游依次编号为 $1,2,\cdots,n,\cdots,N$；s_n 表示第 n 辆车在车道上的位置，即对应的元胞编号；x_n^t 表示第 n 辆车在第 t 时刻的位移；v_n^t 表示第 n 辆车在第 t 时刻的速度，$v_n \in \{0,1,2,3,4,5\}$；a_n 表示第 n 辆车在当前时刻的加速度，$a_n \in \{-2, -1, 0, 1\}$，$a_{min} = -2$；p 表示慢化概率；d_n 表示第 n 辆车和其前车之间的距离；d_brake(v) 表示车辆从速度 v 减速到 0 时所需的最短距离，即刹车距离；d_safe(v) 表示车辆以速度 v 安全行驶的最小车间距，即安全距离。由此可知，d_safe(v) = d_brake(v) + v，d_brake(v) = max($v+a_{min}$,0)×1 + max($v+2a_{min}$,0)×1 + ⋯ + 0×1。a_n、d_brake(v)、d_safe(v) 的对应关系表如表 3.1 所示。特别指出，d_safe(6) = +∞。a_n、d_brake(v)、d_safe(v) 的对应关系图如图 3.2 所示。

表 3.1 a_n、d_brake(v)、d_safe(v) 的对应关系表

a_n	0	1	2	3	4	5
d_brake(v)	0	0	0	1	2	4
d_safe(v)	0	1	2	4	6	9

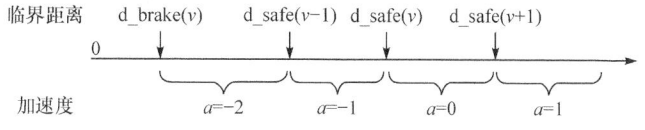

图 3.2 a_n、d_brake(v)、d_safe(v) 的对应关系图

3.2 考虑减速限制的驾驶行为模型

3.2.1 更新规则

考虑减速限制(deceleration limited，DL)的驾驶行为模型与经典 NaSch 模型中加速、减速、随机慢化、运动四步更新规则略有不同。NaSch 模型中的速度 v_n^t 是决策变量，而减速限制模型是以加速度 a_n 作为决策变量，按照决策、行动、结果三个阶段进行更新。模拟步骤如下。

步骤 1，在决策阶段，求加速度 $a_n = f(d_n, v_n^t)$。

$$a_n = \begin{cases} 1, & d_n \in [\text{d\_safe}(v_n^t+1), +\infty) \\ 0, & d_n \in [\text{d\_safe}(v_n^t), \text{d\_safe}(v_n^t+1)) \\ -1, & d_n \in [\text{d\_safe}(v_n^t-1), \text{d\_safe}(v_n^t)) \\ -2, & d_n \in [\text{d\_brake}, \text{d\_safe}(v_n^t-1)) \end{cases} \quad (3.1)$$

步骤 2，在行动阶段，进行随机慢化。以概率 p，更新 a_n 和 v_n^{t+1}。$a_n = \max(a_{\min}, a_n - 1)$，其中 $a_{\min} = -2$，$v_n^{t+1} = \max(0, v_n^t + a_n)$。

步骤 3，在结果阶段，更新位置，即 $s_n^{t+1} = s_n^t + v_n^{t+1}$。

其中步骤 1 是减速限制模型的核心，是驾驶员对当前车间距和自身速度做出反应的过程。例如，当 $d_n \in [\text{d\_safe}(v_n^t+1), +\infty)$ 时，表明当前车间距 d_n 满足 v_n^t+1 速度条件下的安全距离，则 $t+1$ 时刻车辆可以加速，取 $a_n = 1$。

步骤 1 可以归纳为如下规划问题，即

$$\begin{array}{c} \max \quad a_n \\ \begin{cases} \text{d\_safe}(v_n^t + a_n) \leqslant d_n \\ a_n = -2, -1, 0, 1 \end{cases} \end{array} \quad (3.2)$$

若 $a_n \in [-\infty, 1]$，则步骤 1 等价于 NaSch 模型中加速和减速两个步骤的和；若 $a_n \in [-\infty, +\infty]$，则步骤 1 的效果等价于 FI 模型中加速和减速两个步骤的和。

步骤 2 与 NaSch 模型中随机慢化过程不同，步骤 2 作用于 a_n，而非直接作用于 v_n。特别地，当 $a_n = -2$ 时，车辆达到最大减速的上限，随机慢化不再产生效果。

3.2.2 模拟结果分析

在周期边界条件下，我们对减速限制模型进行模拟。为了与 NaSch 模型进行对比，相关参数的取值与 NaSch 模型一致。令 $L=1000$，$v_{\max}=5$，每辆车占据 1 个元胞，每个时间步为 1s。设初始状态为拥堵态，为了消除不稳定状态数据的影响，舍弃前 2000 个时间步的模拟数据结果。

1. 流量-密度基本图

图 3.3 为减速限制模型在不同随机慢化概率下的流量-密度基本图。图 3.4 为减速限制模型与 NaSch 模型的基本图对比，其中随机慢化概率 $p=0.2$。在图 3.3 中，随着 p 取值上升，流量的峰值逐渐下降。从图 3.3 可以发现，减速限制模型中流量随密度变化的大体趋势与 NaSch 模型的实测数据一致。从图 3.4 可以看到，减速限制模型的曲线在峰值部分比较平滑，而 NaSch 模型的曲线在极值点处比较尖锐。

进一步分析，可以看出两种模型的异同。

① 在 $\rho \in [0,0.1] \cup [0.4,1]$ 密度区域，NaSch 模型和减速限制模型的曲线完全重合。在完全自由流和高密度堵塞区域，两个模型的效果基本是等价的。这是因为，在完全自由流区，车间距较大，车辆确定性减速的可能很小，减速限制不发挥作用；在高密度堵塞区，车辆平均行驶速度小于 2，即使瞬间减速到 0，也满足 $a \leqslant a_{\min} = -2$ 的限制，减速限制条件几乎总是能够满足。

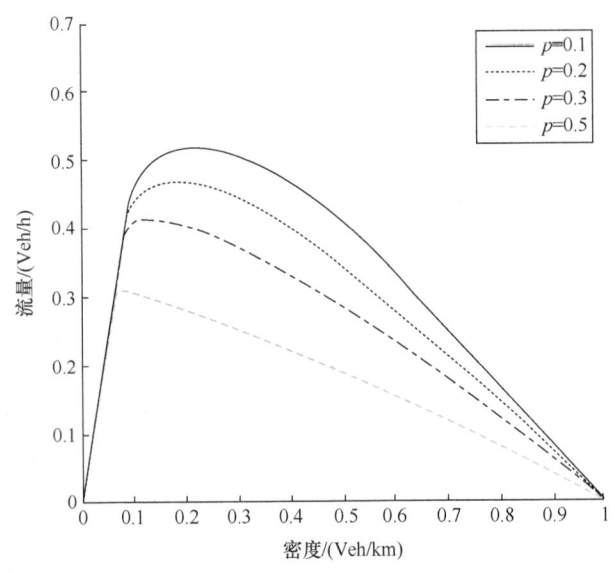

图 3.3 减速限制模型在不同随机慢化概率下的流量-密度基本图

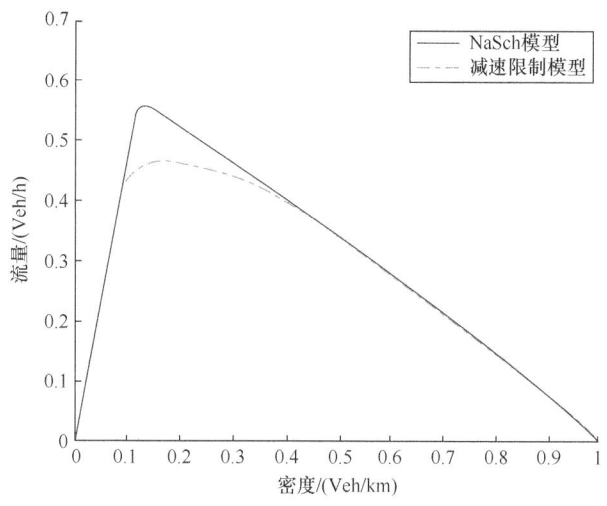

图 3.4 减速限制模型与 NaSch 模型的基本图对比

② 在 $\rho \in (0.1, 0.4)$ 密度区域，减速限制模型流量低于 NaSch 模型流量，并且减速限制模型曲线相对平滑。这是因为，随着密度的上升，减速限制模型中驾驶员受到减速限制和安全距离的影响，会选择更为谨慎的驾驶方式。

图 3.5 展示了减速限制模型与 NaSch 模型演化过程对比。一方面，在相同车间距下，车速可能小于 NaSch 模型的车速，但车辆不容易处于静止状态(图 3.5(a))。另一方面，在减速限制模型中，驾驶员对车间距的变化不如 NaSch 模型敏感，而在一定间距范围内维持匀速(图 3.5(b))，造成峰值附近比较平滑。

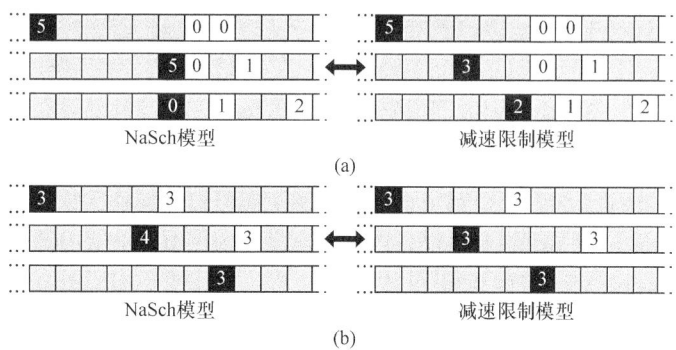

图 3.5 减速限制模型与 NaSch 模型演化过程对比图

2. 时空图

从时空图，我们能够更清楚地看到 NaSch 模型与减速限制模型在演化过程中的区别。减速限制模型能够模拟同步流现象，这是 NaSch 模型所不具备的。图 3.6 对比了 NaSch 模型和减速限制模型时空分布图，再现了在随机慢化概率较低

($p=0.1$)的情况下,随着密度上升交通状态改变的过程。其中,初始状态为拥堵,慢化概率$p=0.1$。车辆从左向右行驶,水平方向的每一行数据表示某一时刻所有车辆的位置,而向上一行数据点表示下一时刻所有车辆的位置。

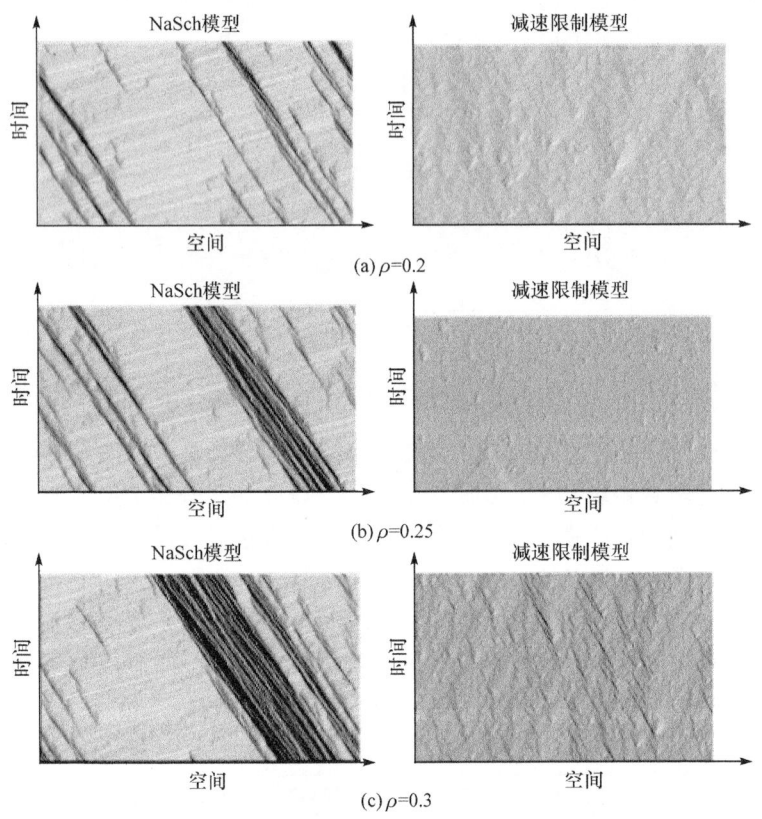

图 3.6 NaSch 模型和减速限制模型时空分布图对比

① 当密度$\rho=0.2$时,NaSch 模型时空图中存在大面积自由流区和部分宽运动堵塞区(以下简称堵塞区)。减速限制模型时空图由自由流、轻同步流(平均车速和自由流相差不大的同步流)、重同步流(平均车速远远低于自由流的同步流)构成,没有出现堵塞。由于减速限制使驾驶员的驾驶行为更平稳,车速没有大波动,因此没有出现 NaSch 模型中车辆时走时停的现象。

② 当密度$\rho=0.25$时,NaSch 模型时空图中堵塞区面积增加,自由流区域缩减。减速限制模型随着密度上升,轻同步流向重同步流转化。当$\rho=0.25$时,几乎所有同步流都是重同步流。极少的短暂堵塞和随后形成的轻同步流,在图中形成稀疏的凹槽。

③ 当密度$\rho=0.3$时,NaSch 模型时空图中堵塞和自由流大致各占一半。减速限制模型时空图主要由重同步流和堵塞构成。其中,堵塞区域较分散,且在较

短时间内消散，没有形成集中堵塞带；部分平均速度极低的重同步流表现为沿车辆前进方向传导的密度波。

对图 3.6 的分析可知，在密度由低到高的变化过程中，NaSch 模型先于减速限制模型出现堵塞相；之后，堵塞区域逐渐增加，直至自由流消失。交通流相变过程为自由流→堵塞，而减速限制模型相变过程为自由流→同步流→堵塞。具体来说，在自由流→同步流过程中，首先在自由流中出现轻同步，并不断增加；然后部分轻同步流转变成重同步流；最后自由流消失，轻同步流继续向重同步流转变。

3. 交通流相变分析

在真实交通中，每一种交通相(包括自由流、同步流和交通堵塞流相)的出现都伴随较为复杂的动力学过程，相变过程是一种临界现象。一般来说，车辆密度是影响交通流相变的重要因素。在减速限制模型中，交通流相变受车辆密度 ρ 和慢化概率 p 的共同影响。本节首先研究在某些特定慢化概率下，车辆密度 ρ 对交通流相变的影响，分析 ρ 的临界值；然后研究慢化概率 p 对交通流相变过程的影响。

经大量实验统计，我们选取具有代表性的 4 组时空图。图 3.7～图 3.9 表示 $p=0$、$p=0.1$ 和 $p=0.99$ 时减速限制模型交通流临界相变图，分析车辆密度 ρ 对交通流相变的影响。图 3.10 演示了非临界密度下的减速限制模型交通流时空图。由图 3.7～图 3.10 可以进行如下交通流相变分析。

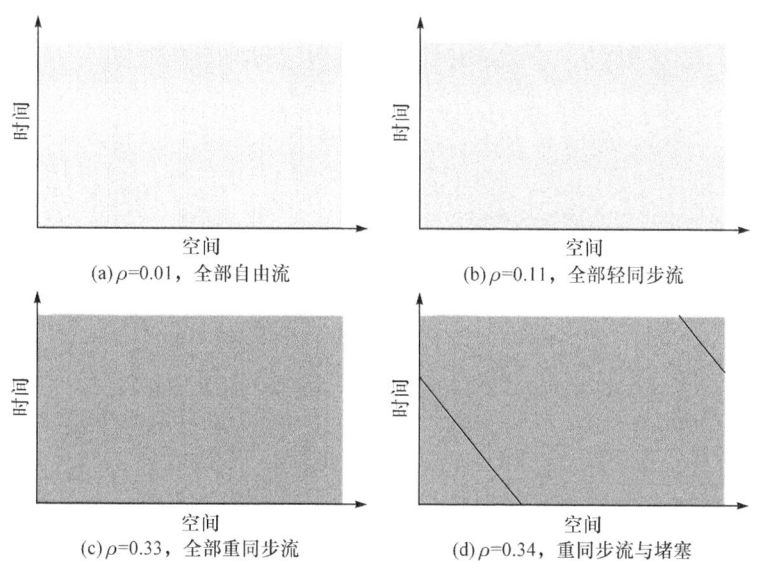

图 3.7　$p=0$ 时减速限制模型交通流临界相变图

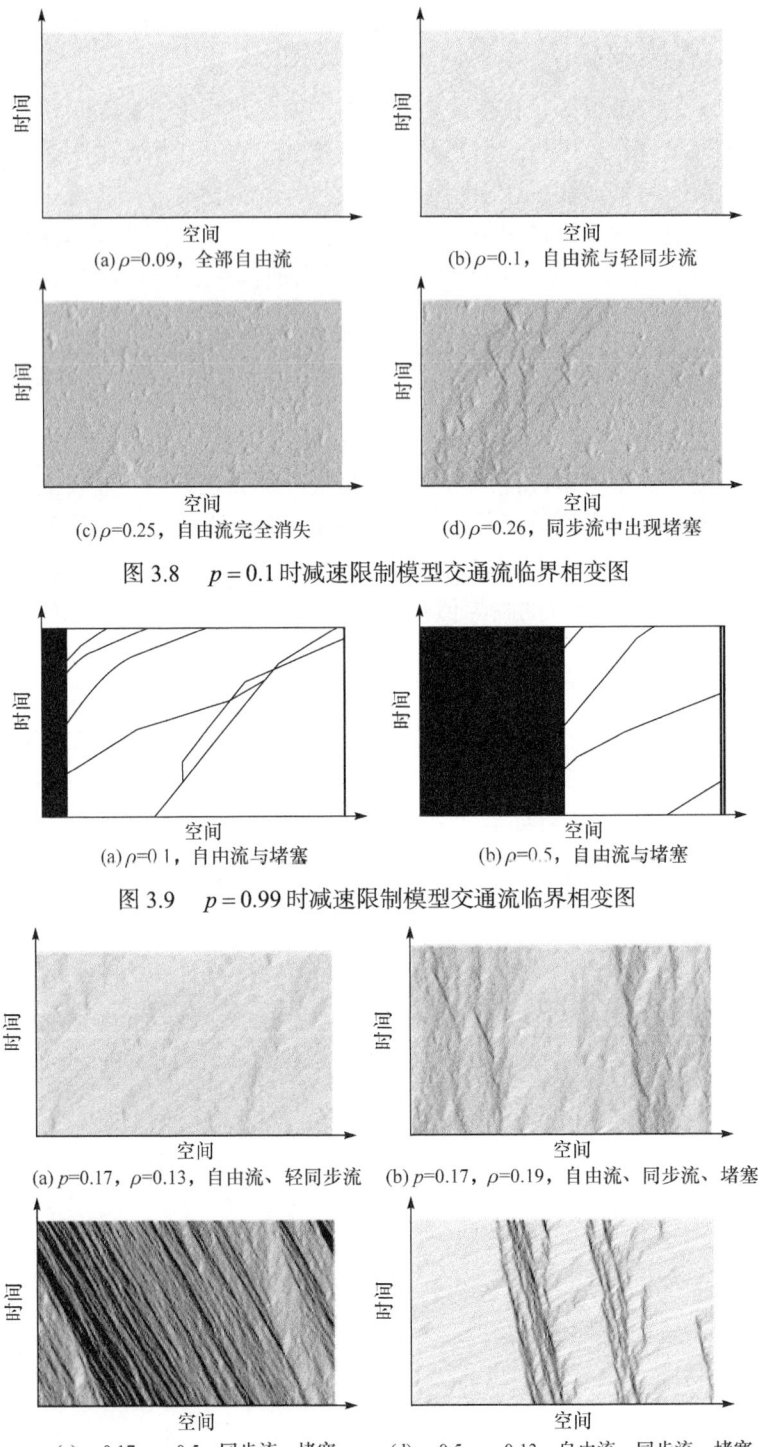

(a) $\rho=0.09$,全部自由流
(b) $\rho=0.1$,自由流与轻同步流
(c) $\rho=0.25$,自由流完全消失
(d) $\rho=0.26$,同步流中出现堵塞

图 3.8　$p=0.1$ 时减速限制模型交通流临界相变图

(a) $\rho=0.1$,自由流与堵塞
(b) $\rho=0.5$,自由流与堵塞

图 3.9　$p=0.99$ 时减速限制模型交通流临界相变图

(a) $p=0.17$, $\rho=0.13$,自由流、轻同步流
(b) $p=0.17$, $\rho=0.19$,自由流、同步流、堵塞
(c) $p=0.17$, $\rho=0.5$,同步流、堵塞
(d) $p=0.5$, $\rho=0.13$,自由流、同步流、堵塞

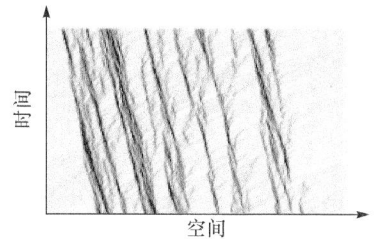
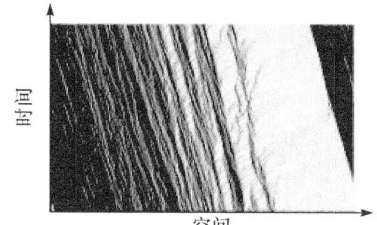

(e) p=0.5，ρ=0.19，自由流、同步流、堵塞　　(f) p=0.5，ρ=0.5，自由流、同步流、堵塞

图 3.10　非临界密度下的减速限制模型交通流时空图

① 当 p =0 时，ρ 有两个临界值 0.1 和 0.33，交通流相变分为三个阶段(图 3.7)。第一阶段，当 $\rho \in [0,0.1]$ 时，交通流相为全自由流。第二阶段，当 $\rho \in (0.1,0.33]$ 时，交通流相为全同步流。具体而言，当 $\rho > 0.1$ 时，自由流立即消失，跃变为轻同步流；随着 $\rho \to 0.33$，轻同步流逐渐被重同步流取代；当 $\rho = 0.33$ 时，同步流全部为重同步流。第三阶段，当 $\rho \in (0.33,1]$ 时，交通流相为重同步流和堵塞同时存在；随着 $\rho \to 1$，越来越多的重同步流被堵塞取代，最终演变为整条道路完全堵塞。上述三个阶段的变化过程可以用图 3.10(a)来概括。

② 当 p=0.1 时，ρ 有两个临界值 0.09 和 0.25。交通流相变分为三个阶段(图 3.8)。第一阶段，当 $\rho \in [0,0.09]$ 时，交通流相为全自由流。第二阶段，当 $\rho \in (0.09,0.25]$ 时，交通流相为自由流与同步流共存。具体而言，当 $\rho \in (0.09,0.25)$ 时，自由流没有立即消失，而是逐步被同步流取代；当 $\rho = 0.25$ 时，自由流完全消失，交通状态为重同步流。第三阶段，当 $\rho \in (0.25,1]$ 时，交通流相为同步流和堵塞同时存在。上述三个阶段的变化过程可以用图 3.10(c)来概括。与 p =0 不同，p =0.1 时自由流向同步流转化是一个渐变的过程，而 p =0 时这一过程是一个跃变。

③ 当 $p \approx 1$ 时，同步流不再出现，堵塞和自由流相所占空间之比近似于车辆密度 ρ(图 3.9)。

上述 3 种情况都没有出现自由流、同步流和堵塞相同时存在的交通状态，但在第 2 种和第 3 种情况的中间状态下，即 $p \in [0.1,1]$ 时，在某些密度区间可以得到自由流、同步流和堵塞相同时存在的交通时空图(图 3.10)。

图 3.11 总结了不同慢化概率下减速限制模型交通流相变演化图。对图 3.7~图 3.10 中减速限制模型时空图特点，结合图 3.11，可以发现慢化概率 p 对减速限制模型交通流相变过程具有如下影响。

① 当慢化概率 p =0 时(图 3.11(a))，在 $\rho:1 \to 0$ 的过程中，依次出现 3 种交通状态，分别为自由流、同步流(轻同步流→重同步流)、重同步流→堵塞。

② 当慢化概率 $p \in (0,0.1)$ 时(图 3.11(b))，在 $\rho:1 \to 0$ 的过程中，依次出现 4 种交通状态，分别为自由流、自由流→同步流、同步流(轻同步流→重同步流)、

同步流→堵塞。

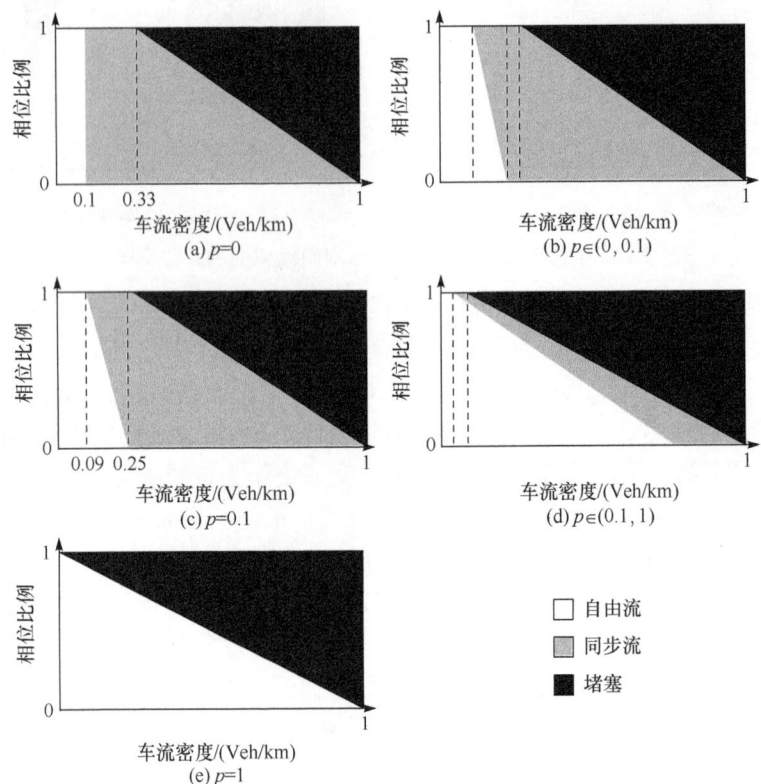

图 3.11 不同慢化概率下减速限制模型交通流相变演化图

③ 当慢化概率 $p=0.1$ 时(图 3.11(c))，在 $\rho:1\to 0$ 的过程中，依次出现 3 种交通状态，分别为自由流、自由流→同步流、同步流→堵塞。

④ 当慢化概率 $p\in(0.1,1)$ 时(图 3.11(d))，在 $\rho:1\to 0$ 的过程中，依次出现 4 种交通状态，分别为自由流、部分自由流→同步流、自由流→同步流(部分同步流→堵塞)、同步流→堵塞。在自由流→同步流过程中，自由流、同步流、堵塞同时存在，并且 p 越大，在相同密度下，同步流所占的比例越小。

⑤ 当慢化概率 $p\approx 1$ 时(图 3.11(e))，在 $\rho:1\to 0$ 的过程中，只有 1 种交通状态，即自由流→堵塞。此时，同步流不存在，堵塞和自由流相所占空间之比近似于车辆密度 ρ。如果 $p=1$，则任何密度下只有堵塞相存在(现实中不存在这种情况)。

经上述分析可知，在慢化概率 $p:0\to 1$ 的过程中，自由流单独存在的密度区域逐渐缩小(最终消失)；自由流与同步流、堵塞共存的区域逐渐增加，自由流向高密度区域侵入，堵塞逐渐向低密度区域侵入；同步流存在的区域不断向低密度方向延伸，但受到自由流和堵塞的挤压，所占比例越来越小，最终从图中消失(图 3.11(e))。由此可知，在车辆密度相同时，慢化概率是影响交通流不同流相比例的重要因素。

3.3 考虑减速限制与速度效应的驾驶行为模型

减速限制模型存在一个缺陷，即最大流量小于 NaSch 模型最大流量，而 NaSch 模型最大流量略小于实际观测值。因此，减速限制模型最大流量与实际观测值存在一定出入。为提高模型交通流量，本节提出考虑减速限制与速度效应(deceleration limited-velocity effect，DL-VE)结合的驾驶行为模型。

3.3.1 更新规则

步骤 1，在决策阶段，求加速度 $a_n^t = f(d_n, v_n^t, v_{n+1}^t)$。

引入一个新参数 $D_n = d_n + \max(0, v_{n+1}^t + a_{\min})$，$D_n$ 称为动态车间距，在静态车间距 d_n 的基础上，考虑前车在第 t 时间步的最小位移 $\max(0, v_{n+1}^t + a_{\min})$，其中 $a_{\min} = -2$。

$$a_n^t = \begin{cases} 1, & D_n \in [d\_safe(v_n^t + 1), +\infty) \\ 0, & D_n \in [d\_safe(v_n^t), d\_safe(v_n^t + 1)) \\ -1, & D_n \in [d\_safe(v_n^t - 1), d\_safe(v_n^t)) \\ -2, & D_n \in [d\_brake, d\_safe(v_n^t - 1)) \end{cases} \quad (3.3)$$

步骤 2，在行动阶段，进行随机慢化。以概率 p，令 $a_n = \max(a_{\min}, a_n - 1)$，其中 $a_{\min} = -2$，$v_n^{t+1} = \max(0, v_n^t + a_n)$。

步骤 3，在结果阶段，更新位置，令 $s_n^{t+1} = s_n^t + v_n^{t+1}$。

3.3.2 模拟结果分析

对 DL-VE 模型进行计算机模拟，基本参数与 3.2.2 节一致。图 3.12 为 DL-VE 模型基本图。图 3.13 为慢化概率 $p = 0.2$ 时 NaSch、减速限制、DL-VE 模型基本图对比。从图 3.12 和图 3.13 可以看出，DL-VE 模型与 NaSch 模型基本图的模拟结果更为接近，最大流量在减速限制模型的基础上有了较大提高。

图 3.14 为慢化概率 $p = 0.2$ 时，DL-VE 模型时空分布图。图中，车辆从左向右行驶，水平方向的每一行数据表示某一时刻所有车辆的位置，而向上一行数据点则表示下一时刻所有车辆的位置。在时空图中，DL-VE 模型也能同时出现自由流、同步流和堵塞等三种不同的交通流相，刻画轻同步流和重同步流。与图 3.6 中减速限制模型时空图相比，DL-VE 模型在相同慢化概率和车辆密度下，更容易

出现堵塞相。在低密度情况下，堵塞相的出现会使非堵塞区域的自由流增加，同步流减少，使交通流量增大。

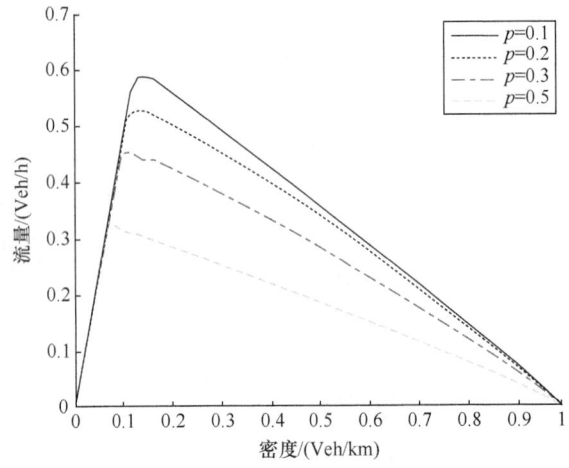

图 3.12　DL-VE 模型基本图

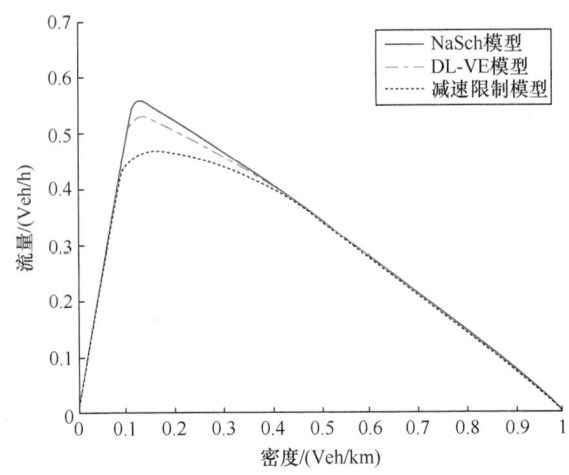

图 3.13　NaSch、减速限制、DL-VE 模型基本图对比

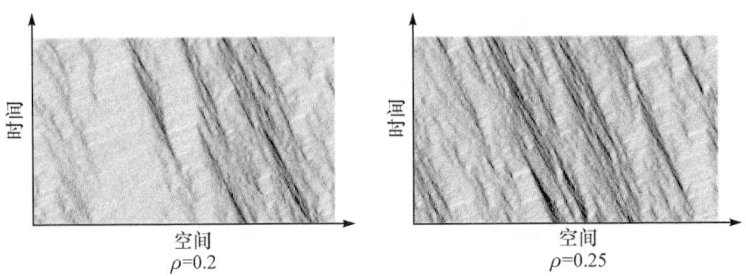

图 3.14　DL-VE 模型时空分布图

3.4 考虑慢启动规则的驾驶行为模型

减速限制模型和 DL-VE 模型虽然能够在 NaSch 模型的基础上刻画同步流现象，但无法得到交通流的亚稳态和回滞现象。目前，能产生亚稳态与回滞现象的模型规则概括起来有两类，即慢启动规则和巡航控制规则。其中，慢启动规则应用最广。本节在 DL-VE 模型的基础上加入慢启动规则，得到修正 DL-VE (modified DL-VE，MDL-VE)模型，既能刻画自由流、同步流和堵塞的相变，又能产生亚稳态与回滞现象，更接近于真实情况。

3.4.1 更新规则

步骤 1，在决策阶段，求加速度 $a_n^t = f(d_n, v_n^t, v_{n+1}^t)$。

$$a_n^t = \begin{cases} 1, & D_n \in [\text{d\_safe}(v_n^t+1), +\infty) \\ 0, & D_n \in [\text{d\_safe}(v_n^t), \text{d\_safe}(v_n^t+1)) \\ -1, & D_n \in [\text{d\_safe}(v_n^t-1), \text{d\_safe}(v_n^t)) \\ -2, & D_n \in [\text{d\_brake}, \text{d\_safe}(v_n^t-1)) \end{cases} \quad (3.4)$$

步骤 2，在行动阶段，加入随机慢化与慢启动规则。慢化概率 $p(v) = \begin{cases} p_0, v=0 \\ p, v>0 \end{cases}$，其中 $p_0 > p$；慢启动规则以概率 $p(v)$，令 $a_n = \max(a_{\min}, a_n - 1)$，$v_n^{t+1} = \max(0, v_n^t + a_n)$。

步骤 3，在结果阶段，更新位置，令 $s_n^{t+1} = s_n^t + v_n^{t+1}$。

3.4.2 模拟结果分析

对 MDL-VE 模型进行计算机模拟，基本参数与 3.2.2 节一致。图 3.15 为慢化概率 $p = 0.2$ 时，MDL-VE 模型基本图。可以看出，MDL-VE 模型能够再现亚稳态和回滞现象。

图 3.16 为 MDL-VE 模型时空图。其中，慢化概率 $p = 0.1$，密度 $\rho = 0.13$，左侧为初始均匀分布，右侧为初始拥堵，选择第 2500～3500 步的时空数据。从时空图可以证实，在亚稳态区域，若初始状态为均匀分布，则交通流为自由流(或自由流与轻同步流)；若初始态为拥堵，则有无法消散的拥堵区域。

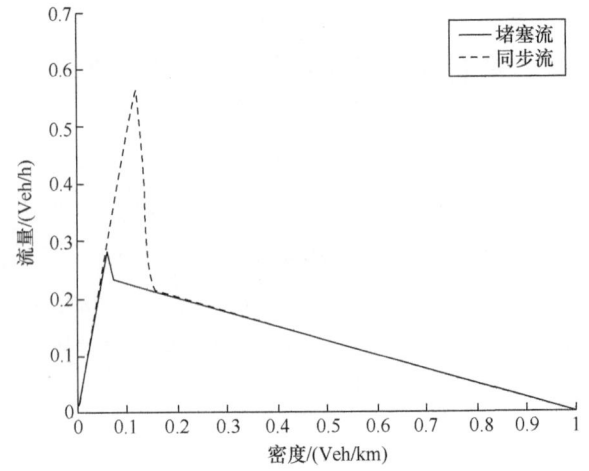

图 3.15　MDL-VE 模型基本图

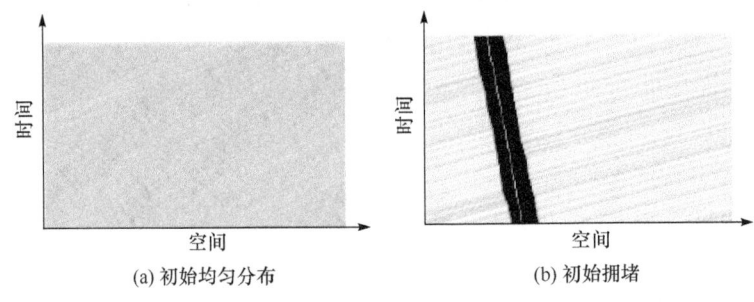

(a) 初始均匀分布　　　　　　　　(b) 初始拥堵

图 3.16　MDL-VE 模型时空图

3.5　复杂驾驶行为模型评价

我们基于驾驶员复杂决策行为，提出三种复杂驾驶行为模型。其中，减速限制模型是核心，DL-EV 和 MDL-EV 模型都是减速限制模型的扩展。

一方面，从模型构建的角度看，三种模型具有如下特点。

① 复杂驾驶行为模型以驾驶员决策、行动和结果为框架建立三步更新规则，比 NaSch 模型为代表的四步更新规则，更能真实刻画驾驶员的驾驶行为。

② 复杂驾驶行为模型以加速度 a_n 作为决策变量，在 CA 模型的研究中尚属首次。以加速度作为决策变量，不但更符合驾驶员决策的实际情况，而且能更加灵活地刻画加速度限制和跟车行为。同时，对随机慢化这一概念做出了很好的解释，即随机慢化发生的效果并不一定是使车辆速度减少，而是使加速度减少，从而出现应当加速而没有加速、应当匀速而减速、应当减速而过度减速等三种情况。

③ 减速限制模型中 $a_n^t = f(d_n, v_n^{t-1})$，说明驾驶员的决策行为受自身车速 v_n^{t-1} 和车间距 d_n 的共同作用。在 DL-VE 模型中，$a_n^t = f(d_n, v_n^{t-1}, v_{n+1}^{t-1})$ 进一步考虑前车速度对决策行为的影响。

④ 在对真实车辆实验数据进行分析后，我们提出模拟过程中加速度的最小值(即最大减速度) $a_{\min} = -2$，最大值 $a_{\max} = 1$。这是一种比例关系。

⑤ 如果 $a_n \in (-\infty, 1]$，则减速限制模型的决策步等价于 NaSch 模型中的加速和减速两步的和；如果 $a_n \in (-\infty, +\infty)$，则减速限制模型的决策步等价于 FI 模型中的加速和减速两步的和。

另一方面，从模拟结果来看，三种模型也具有鲜明的特点。

① 在低密度区域和高密度区域，减速限制模型和 NaSch 模型的基本图都是呈线性变化的。但减速限制模型在流量峰值附近的一定区域内，流密曲线比较平滑，说明在相应的密度范围内，流量都能稳定在峰值附近，而不是线性地变化。

② 减速限制模型的时空图能够模拟出轻同步流和重同步流现象。与其他能够模拟同步流的 CA 模型比较，减速限制模型规则非常简单，没有人为地定义同步作用范围和整体交通状况对司机驾驶的影响函数。观测结果中的同步流由大量粒子在简单相互作用下自发形成。

③ 车辆密度的变化能引发交通流相变，而在不同慢化概率下，交通流相变的过程存在几种不同的情况(图 3.11)。这说明，慢化概率对交通流相变具有重要影响，值得研究。

3.6 本章小结

本章在对单车道 CA 模型的基础上，考虑驾驶员复杂决策行为，提出基于决策、行动、结果三步走的驾驶行为假设。同时，提出影响驾驶员决策的三个核心要素，即车距、自身车速和前车速度。基于上述假设，依次构建减速限制模型、DL-VE 模型和 MDL-VE 模型，融合安全距离、减速限制、前车速度效应、慢启动等诸多要素。模拟结果表明，复杂驾驶行为模型能够以简单的规则模拟车辆间的相互作用，很好地刻画交通流的相变特点。

参 考 文 献

[1] Nagel K, Schreckenberg M. A cellular automaton model for freeway traffic[J]. Journal de Physique I, 1992, 2(12): 2221-2229.

[2] Fukui M, Ishibashi Y. Traffic flow in 1D cellular automaton model including cars moving with high speed[J]. Journal of the Physical Society of Japan, 1996, 65(6): 1868-1870.

[3] Nagatani T. The physics of traffic jams[J]. Reports on progress in physics, 2002, 65(9):

1331-1386.

[4] Benjamin S C, Johnson N F, Hui P M. Cellular automata models of traffic flow along a highway containing a junction[J]. Journal of Physics A, 1996, 29(12): 3119-3127.

[5] Barlovic R, Santen L, Schreckenburg A. Metastable states in cellular automata for traffic flow[J]. The European Physical Journal B, 1998, 5(3): 793-800.

[6] 雷丽, 董力耘, 宋涛, 等. 基于元胞自动机模型的高架路交织区交通流的研究[J]. 物理学报, 2006, 55(4): 1711-1717.

[7] 郭四玲, 韦艳芳, 薛郁. 元胞自动机交通流模型的相变特性研究[J]. 物理学报, 2006, 55(7): 3336-3342.

[8] Li X, Wu Q, Jiang R. Cellular automaton model considering the velocity effect of a car on the successive car[J]. Physical Review E, 2001, 64(6): 66128.

[9] Zhuang Q, Jia B, Li X G. A modified weighted probabilistic cellular automaton traffic flow model[J]. Chinese Physics B, 2009, 18(8): 3271-3278.

[10] Wang J F, Chen G S, Liu J. Steady state speed distribution analysis for a combined cellular automaton traffic model[J]. Chinese Physics B, 2008, 17(8): 2850-2858.

[11] Jiang R, Jin W L, Wu Q S. Instantaneous information propagation in free flow, synchronized flow, stop-and-go waves in a cellular automaton model[J]. Chinese Physics B, 2008, 17(3): 829-835.

[12] Kerner B S, Klenov S L, Wolf D E. Cellular automata approach to three-phase traffic theory[J]. Journal of Physics A, 2002, 35(47): 9971-10013.

[13] Lee H K, Barlovic R, Schreckenberg M, et al. Mechanical restriction versus human overreaction triggering congested traffic states[J]. Physical Review Letters, 2004, 92(23): 238702.

[14] 梅超群, 黄海军, 唐铁桥. 高速公路入匝控制的一个元胞自动机模型[J]. 物理学报, 2008, 57(8): 4786-4793.

[15] 贾斌, 高飒, 李克平, 等. 基于元胞自动机的交通系统建模与模拟[M]. 北京: 科学出版社, 2007.

第4章　混合交通流转向灯效应研究

在机动车变更车道的过程中，通常会开启相应方向的转向灯，后方车辆会据此控制自身车速。过去的研究很少关注转向灯效应。本章研究由转向灯引起的车辆变道时的相互作用，建立考虑转向灯效应的 CA 模型。模拟结果表明，该模型能刻画跨越多个连续时间步的动态换道超车行为，更快地疏散慢车，提高道路通行率。

4.1　引　　言

交通流理论研究的目的是建立能描述实际交通一般特性的交通流模型。CA 模型作为一种在时间和空间上都离散的动力学系统，可以较好地刻画粒子运动的多种微观特性，适合对交通流进行建模，近年来被广泛应用于道路交通系统、网络交通系统、公交路线系统和轨道交通系统[1-3]。最早的交通流 CA 模型是 Nagel 和 Schreckenberg 提出的 NaSch 模型[1]，能描述一些基本的非线性交通现象，如自发产生的堵塞及拥挤交通下的时走时停波等[4]。

许多学者以 NaSch 模型为基础，发展了新的交通流 CA 模型。单车道 CA 模型主要围绕随机慢化规则、亚稳态与回滞的产生、前车速度与作用范围、加速与减速限制等展开研究，出现了 FI 模型[2]、巡航驾驶模型[5]、慢启动模型[6,7]、刹车灯模型[8,9]、三相交通流模型[10,11]，以及考虑前车速度[12]和减速限制的 CA 模型[13,14]等。

单车道 CA 模型的缺点是无法实现超车，导致混合交通系统中慢车车速最终决定整个系统的平均速度，造成严重的排队现象，与现实不符。对多车道模型的研究可以弥补单车道模型不能超车的缺陷，更能反映实际交通状况。Jia 等[15]利用一个完全确定性的规则考察最大车速 $v_{max}=1$ 的双车道系统，车辆在一个时步内要么换道，要么前行。Rickert 等[16]和 Chowdhury 等[17]分别引入换道规则，将单车道的 NaSch 模型扩展到双车道系统中。双车道 CA 模型在单车道基础上加入了换道规则，能模拟超车行为。换道规则通常由两部分组成，一部分是换道动机，即驾驶员主观上存在换道的意愿；另一部分是安全条件，即客观上相邻车道的交通状况允许车辆换道。换道动机通常由两部分组成，一部分是目标车道的行驶条件比本车道要好，另一部分是本车道无法按期望速度行驶。针对车道和车型，换道规则可以分为对称和非对称。数值模拟表明，换道规则不同可能引起模型结果显著差异[11,12]。

1997 年，Chowdhury 等[17]以单车道的 NaSch 模型为基础，构造了一个对称双车道元胞自动机(symmetric two-lane cellular automata，STCA)模型，首次对由快慢车组成的混合交通系统进行研究。但该模型在模拟非均匀的混合交通过程中，夸大了慢车的作用。两辆并排或相邻行驶的慢车可能形成塞子，后方形成严重的排队，并且在较长的时间内不会消散。现实生活中，当快车被慢车阻挡时，可能会鸣笛催促慢车让道。因此，Jia 等[15]在 STCA 模型基础上，提出考虑鸣笛效应的双车道元胞自动机(honk-STCA，H-STCA)模型。鸣笛效应是指当后车被前车阻挡而又无法按照 STCA 规则正常换道时，后车驾驶员以概率 p_1 鸣笛(按喇叭)来催促前车让道；前车驾驶员在听到后车鸣笛后，如果安全条件允许且相邻车道上行驶条件不劣于当前车道，则前车换道，为后车让行。模拟结果表明，若系统中只有一种车辆，则两种模型得到的基本图几乎一致；当系统中有快慢车之分时，引入鸣笛效应的基本图在中密度区域流量高于没有鸣笛效应的基本图。同时，两种模型中每条车道上最大流量高于单车道模型的最大流量值。

道路交通中车辆的换道行为一直受到人们的广泛关注。Belitsky 等[18]详细研究了自然换道行为，指出许多换道行为是由前面慢车的阻挡引起的，驾驶员为了保证自己能够快速前进而换道超车。Knospe 等[19]针对现实生活中不同类型的车辆换道行为有所不同，指出强行换道普遍存在，即快车在受到慢车阻挡时，即使目标车道的后方有其他车辆驶近，快车换道欲望依然较强。Li 等在 STCA 模型基础上提出考虑强行换道的 STCA(aggressive STCA，A-STCA)模型。当一辆快车被慢车阻挡时，如果满足 STCA 模型中换道动机，即使不满足 STCA 模型安全条件限制，快车也可能换道。只要满足强行换道条件，即确保换道车辆与目标车道上紧邻的后车间至少有两个空的元胞，且换道车辆的速度不低于目标道上紧邻车辆的车速。数值模拟发现，强行换道对基本图的影响与鸣笛效应类似，都可以在中密度区域提高流量。

STCA 模型的换道规则夸大了系统中慢车的作用。H-STCA 模型和 A-STCA 模型进行了改进，取得了一定的效果，但对称双车道换道规则的研究依然存在一些不足，一是仍然存在鸣笛效应和强行换道都无法消解的塞子；二是鸣笛效应和强行超车并不能概括现实中的复杂超车行为。

本章根据《中华人民共和国道路交通安全法实施条例》有关规定，结合现实交通情况，从考虑交通安全和驾驶行为的实际出发，针对 STCA 模型中存在的慢车形成的塞子，提出考虑转向灯效应的双车道元胞自动机模型，可以更有效地消除塞子的影响，描述主动换道超车，并且不会对其他正常行驶的车辆造成大的干扰。

4.2 双车道换道规则

在单车道 CA 模型的基础上，双车道 CA 模型加入了换道规则。数值模拟表明，换道规则可能引起模型结果的显著差异[20,21]。换道规则通常由两部分组成，一部分是换道动机，即驾驶主观上存在换道的意愿；另一部分是安全条件，即客观上相邻车道的交通状况允许车辆换道，不会发生撞车。

本节主要介绍几种换道规则及其特点，包括 STCA 换道规则、H-STCA 换道规则和 A-STCA 换道规则。

4.2.1 对称双车道

Chowdhury 等[17]以单车道的 NaSch 模型为基础构造 STCA 模型，首次对由快慢车组成的混合交通系统进行了研究。其换道规则如下。

① 换道动机为

$$d_n < \min(v_n+1, v_{\max}) \tag{4.1}$$

同时满足

$$d_{n,\text{other}} > d_n \tag{4.2}$$

② 安全条件为

$$d_{n,\text{back}} > d_{\text{safe}} \tag{4.3}$$

其中，d_n 为第 n 辆车与其相同车道上前车的车间距；$d_{n,\text{other}}$ 为第 n 辆车与相邻车道上前车的车间距；$d_{n,\text{back}}$ 为第 n 辆车与相邻车道上后车的车间距；d_{safe} 为确保不发生撞车的最小安全距离，通常取快车的最大速度 $v_{\max}^f$（$v_{\max}^f=5$）。

换道动机表示当前车道上前车间距不能使第 n 辆车达到它的期望速度，而相邻车道前车间距比当前车道大，因此驾驶员有换道的意愿。安全条件则确保在换道过程中，快车不会影响相邻车道后车的正常行驶。

完整的 STCA 模型换道规则分为两部分。首先，按照换道规则进行换道；然后，对两条单车道分别更新。STCA 模型在模拟均匀交通系统时可以取得较好的效果，但在非均匀的混合交通系统中，慢车的作用被夸大了[22-26]。图 4.1 描述了 STCA 模型中塞子形成的过程。图中，黑色元胞代表快车，灰色元胞代表慢车。图 4.1(a)中两辆并排行驶的慢车形成稳定存在的塞子。图 4.1(b)中两辆相隔 9 个(或 9 个以下)元胞的慢车也能形成塞子。因为不能满足安全条件(式 4.3)，快车无法换道。可以看出，即使系统中只有少量慢车，也有可能形成塞子。

图 4.2 演示了两辆并行慢车形成塞子时 STCA 模型时空演化图。图中自下向

上为其中一条车道的时空演化方向,自左至右为车辆行驶方向。车辆密度 $\rho=0.075$,慢化概率 $p=0.01$;初始状态为在道路中间位置两辆慢车在两条车道上并排行驶,其余快车随机分布;模拟采用周期性边界条件。可以看到,系统中很快就形成了同步流现象,并且在 2500 个时间步后,该现象仍然没有消除。慢车后方形成严重的排队现象,并且在较长的时间内不会消散。

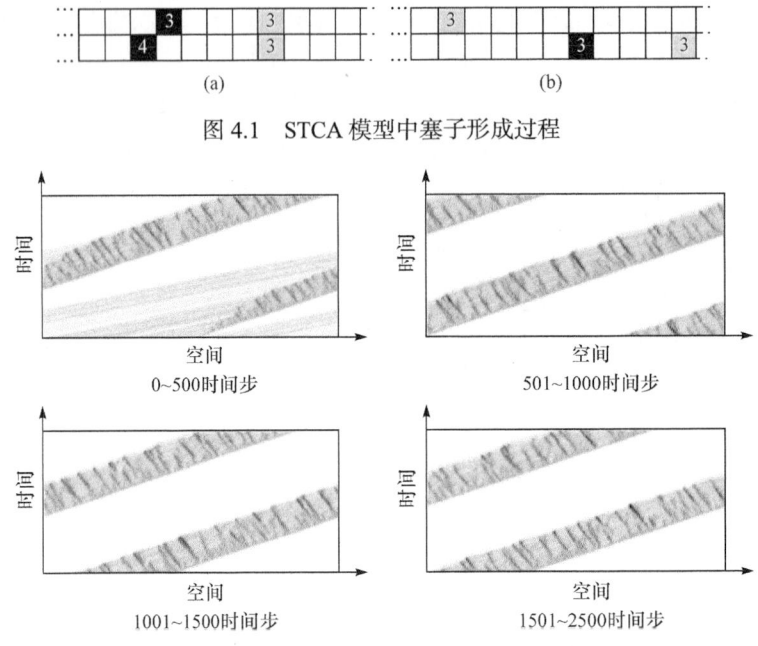

图 4.1　STCA 模型中塞子形成过程

图 4.2　两辆并行慢车形成塞子时 STCA 模型时空演化图

4.2.2　鸣笛效应和强行换道

为了解决 STCA 模型中慢车并行形成塞子的问题,H-STCA 和 A-STCA 模型从不同角度出发,可以在一定程度上解决塞子问题,使低密度下($\rho<0.35$)双车道混合交通流的流量在 STCA 模型基础上得到提高。

图 4.3 演示了 H-STCA 模型让道行为。当后车被前车阻挡而又无法按 STCA 规则正常换道时,后车驾驶员以概率 p_1 鸣笛(按喇叭)催促前车让道;前车驾驶员听到后车鸣笛后,如果安全条件允许且相邻车道上行驶条件不劣于当前车道,则前车换道,为后车让行。

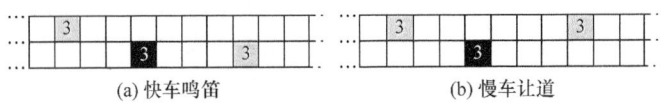

图 4.3　H-STCA 模型让道行为

第4章 混合交通流转向灯效应研究

H-STCA 模型的换道规则如下。如果第 n 辆车满足 STCA 换道条件，或者满足下式，即

$$\begin{cases} h_{n-1} = 1 \\ d_n \geq \min(v_n + 1, v_{\max}) \\ d_{n,\text{other}} \geq \min(v_n + 1, v_{\max}) \\ d_{n,\text{back}} > d_{\text{safe}} \end{cases} \quad (4.4)$$

第 n 辆车就以概率 p_{change} 换至另一条车道。式(4.4)中 $h_{n-1}=1$ 表示第 $n-1$ 辆车鸣笛，$h_{n-1}=0$ 表示该车没有鸣笛。

0-1 变量 h_{n-1} 状态函数由下式决定，即

$$h_{n-1} = \begin{cases} 1, & d_{n-1} < \min(v_{n-1}+1, v_{\max}) \,\&\, (d_{n-1,\text{other}} \leq d_{n-1} \text{ 或 } d_{n-1,\text{back}} \leq d_{\text{safe}}) \,\&\, (\text{rand}() < p_1) \\ 0, & \text{其他} \end{cases}$$

(4.5)

其中，rand() 为 0 和 1 之间的随机数，表示司机在受到阻挡又无法换道时会以概率 p_1 鸣笛。

图 4.4 演示了两辆并行慢车形成塞子时 H-STCA 模型时空演化图。图中自下向上为一条车道的时空演化方向，自左至右为车辆行驶方向，模拟条件同图 4.2。可以看到，塞子在 1300 时间步以后基本消失。由于前车让道必须满足安全距离 d_{safe} 的要求，因此鸣笛效应能立即消除间距大于 d_{safe} 的两辆慢车形成的塞子。图 4.2 等慢车间距小于或等于 d_{safe} 的塞子存在寿命较长，需要一定时间才能消解（图 4.4）。对照图 4.2 和图 4.4 可知，塞子在 H-STCA 模型中比在 STCA 模型中存在的时间短得多。STCA 模型中塞子在 2500 时间步演化后仍然存在，而 H-STCA 模型中塞子仅 1300 多时间步就消散了。

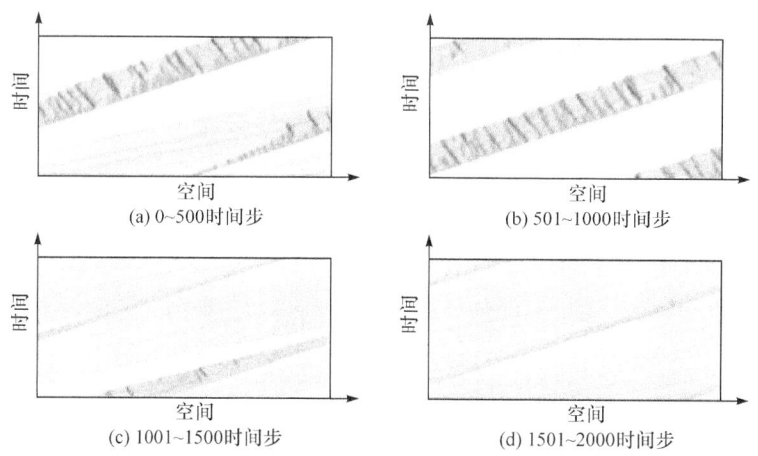

图 4.4 两辆并行慢车形成塞子时 H-STCA 模型时空演化图

图 4.5 演示了 A-STCA 模型让道行为。一辆快车被慢车阻挡时，如果满足 STCA 模型的换道动机，即使不满足 STCA 安全条件，该快车也可能换道，只要满足强行换道条件 $d_{n,\text{back}} \geq 2$ 和 $v_n \geq v_{\text{back,other}}$ 即可，其中 $v_{\text{back,other}}$ 表示相邻车道上后车的速度。

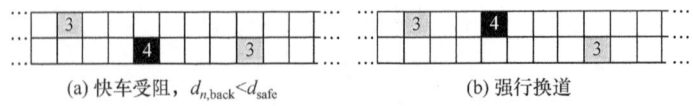

(a) 快车受阻，$d_{n,\text{back}} < d_{\text{safe}}$ (b) 强行换道

图 4.5 A-STCA 模型让道行为

A-STCA 模型实质上放宽了 STCA 模型中安全条件的限制，将安全条件修改为

$$(d_{n,\text{back}} > d_{\text{safe}}) \text{ 或者} (d_{n,\text{back}} \geq 2 \ \& \ v_n \geq v_{\text{back,other}}) \quad (4.6)$$

此外，A-STCA 模型中的换道概率 p_{change} 发生变化，强调当快车被慢车阻挡时换道概率 p_0 远大于其他情况下的换道概率 p_1。

图 4.6 为两辆并行慢车形成塞子时 A-STCA 模型时空演化图。图中给出其中一条车道的时空演化情况，模拟条件同图 4.2。可以看到，塞子效应在 200 时间步以后被弱化，稳定数量的快车漏过塞子，但在 2000 时间步内稀疏的塞子始终存在。在 H-STCA 模型中，如果慢车让道，则两辆慢车位于同一车道，不再影响快车从相邻车道超车，塞子完全消散。在 A-STCA 模型中，强行换道规则只会使形成塞子的两辆慢车间距变大，但两辆慢车仍然一前一后位于两条不同的车道上，形成一个稀疏的塞子，快车可以从两辆慢车的缝隙之间漏过。因此，A-STCA 模型只能弱化慢车间距大于 5 个元胞的塞子。

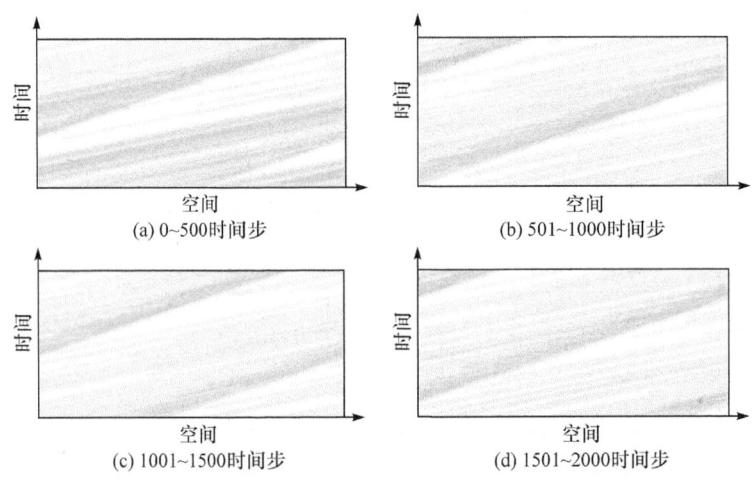

(a) 0~500时间步   (b) 501~1000时间步

(c) 1001~1500时间步   (d) 1501~2000时间步

图 4.6 两辆并行慢车形成塞子时 A-STCA 模型时空演化图

为了比较三种模型在不同密度下的流量及时空变化趋势,我们在周期性边界条件下进行仿真。设快车最大速度 $v_{\max}^f = 5$,慢车最大速度 $v_{\max}^s = 3$,慢车在所有车辆中所占的比例 $R = 0.05$,随机慢化概率 $p=0.3$,$d_{\text{safe}} = v_{\max}^f$。三种模型基本图如图 4.7 所示。

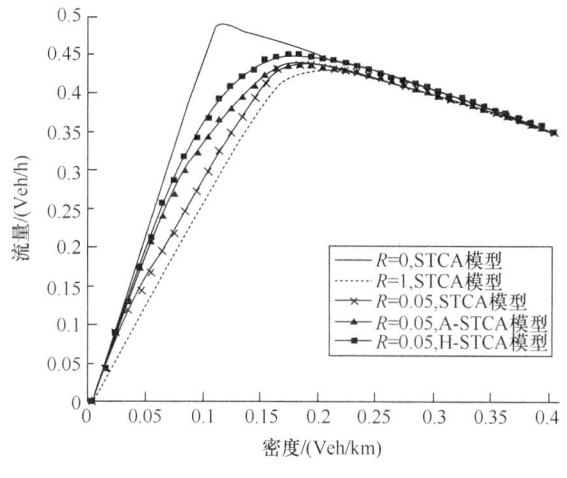

图 4.7 三种模型基本图

由图 4.7 分析可知,当车辆密度较小时,慢车非常少,快车可以比较容易地超越慢车,因此混合交通流量基本等于纯快车($R=0$)时的流量。随着车辆密度增加,慢车在道路上形成塞子,交通流量受到慢车很大的影响,STCA 模型流量向 $R=1$ 曲线弯曲靠拢。此时,H-STCA 和 A-STCA 模型能够缓解和消除一部分塞子的影响,在相同密度下流量大于 STCA 模型流量。在高密度时,即使慢车也无法达到最大速度,系统流量仅受道路上剩余自由空间的影响,因此不同慢车比例下的各种模型的基本图重合在一起。

H-STCA 模型和 A-STCA 模型从不同的驾驶行为出发,试图克服塞子对双车道混合交通流的影响。从基本图看,作用非常相似。A-STCA 规则可能迫使后车发生确定性减速,使车辆平均速度低于 H-STCA 模型,导致 A-STCA 模型比 H-STCA 模型流量小。

4.3 基于转向灯效应的双车道元胞自动机模型

4.3.1 问题提出

STCA 模型的换道规则夸大了系统中慢车的作用,H-STCA 模型和 A-STCA 模型对此进行了改进,取得了一定的效果,但对称双车道换道规则的研究依然存在一些不足。

① 仍然存在鸣笛效应和强行换道都无法有效消解的第二类塞子(相邻慢车间距小于或等于安全距离 d_{safe} 的塞子)，只能等待第二类塞子因随机慢化演变为第一类塞子(相邻慢车间距大于 d_{safe} 的两辆慢车形成的塞子)时方能消解。由于第二类塞子能存在较长时间，慢车对交通系统的影响依然有被夸大的可能。按照 4.2.2 节的假设条件，H-STCA 模型和 A-STCA 模型能够消解的塞子必须是两辆慢车间距大于 5 个元胞的塞子，而两辆前后相距不足 5 个元胞的慢车形成的塞子则存在较长时间，对交通系统依然有一定的影响。

② 鸣笛效应和强行超车并不能概括现实中复杂的超车行为。

鸣笛效应产生的换道是一种被动换道(前车)。后车鸣笛后能否超越前车取决于前车对后车鸣笛做出的反应。如果前车不换道，则后车无法超越前车。但并不是所有的快车驾驶员都会耐心等待前车让道。许多换道是由前面慢车阻挡引起的，快车驾驶员通常为了保证自己能够快速前进而主动地换道超车[17]。

强行换道模型虽然刻画了一部分主动超车的行为，但强行换道行为本身带有一定的危险性，可能迫使相邻车道的后方车辆被迫刹车。图 4.8 描述了强行换道对相邻车道后车的影响。图中的虚线和箭头表示当前时间步车辆的运动轨迹。快车 B 从车道 1 换道至车道 2，保持原速度前进，而原本车道 2 上的快车 A 被迫急刹车减速到 $v=2$。从现实角度分析，如果相邻车道上车辆反应稍慢，可能发生事故；从研究角度分析，车辆密度稍大的情况下，A-STCA 模型的流量反而比 STCA 模型的流量还小(例如，当慢车比例 $p=0.05$，车辆密度 $\rho>0.17$ 时)[16]。

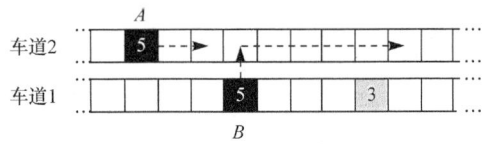

图 4.8　强行换道对相邻车道后车的影响图

有没有一种换道规则可以实现主动换道超车，有效地消除慢车和塞子的影响，同时也不对其他正常行驶的车辆造成大的干扰呢？根据相关规定，本章结合现实交通情况，从考虑交通安全和驾驶行为的实际出发，针对 STCA 模型中存在的慢车形成的塞子，提出考虑转向灯效应的双车道元胞自动机(turn signal effect-STCA，T-STCA)模型，可以更有效地消除第二类塞子的影响，描述主动换道超车，并且不会对其他正常行驶的车辆造成大的干扰。

4.3.2　转向灯效应

《中华人民共和国道路交通安全法实施条例》第五十七条规定，机动车应当按照下列规定使用转向灯。

① 向左转弯、向左变更车道、准备超车。条例规定必须从左侧超车,因此准备超车时只能开启左转向灯。但 T-STCA 模型采用对称换道规则,平等考虑向左和向右变更车道的情况,因此开启左转向灯和右转向灯都有可能。驶离停车地点或者掉头时,应当提前开启左转向灯。

② 向右转弯、向右变更车道、超车完毕驶回原车道、靠路边停车时,应当提前开启右转向灯。

根据条例要求,当车辆需要变更车道时,必须提前开启相应方向的转向灯,以告知后方车辆做好准备。在实际驾驶过程中,驾驶员观察到相邻车道上前车转向灯开启,会对前方车辆的变道行为提高注意,有意识地控制自身车速,确保安全行驶,这就是转向灯效应。按照规定,转向灯在换道过程中必须开启,所以转向灯效应是一种非常普遍的交通现象。基于此,本节构建基于转向灯效应的换道规则。

4.3.3 换道规则

① 判断车辆是否满足 STCA 模型的换道动机,即是否满足式(4.1)和式(4.2)。如果不能同时满足式(4.1)和式(4.2),则不换道;否则,继续下一步。

② 判断车辆是否满足 STCA 模型安全条件限制,即是否满足式(4.3)。如果满足,则按 STCA 的换道规则换道;否则,令 $TS_n = 1$,其中 TS_n 表示第 n 辆车的转向灯状态,1 为开启,0 为熄灭。每次更新前,置所有 $TS_n = 0$。

③ 对单车道更新规则做出调整。以 NaSch 模型规则为例,将加速过程变更为

$$v_n^{t+1}(f) = \begin{cases} \min(v_{\max}^f - 1, v_n^t + 1), & TS_{n+1, \text{ other}} = 1, \text{rand}() < p_f \\ \min(v_{\max}^f, v_n^t + 1), & \text{其他} \end{cases} \quad (4.7)$$

$$v_n^{t+1}(s) = \begin{cases} \min(v_{\max}^s - 1, v_n^t + 1), & TS_{n+1, \text{ other}} = 1, \text{rand}() < p_s \\ \min(v_{\max}^s, v_n^t + 1), & \text{其他} \end{cases} \quad (4.8)$$

其中,$v_{\max}^f$ 和 $v_{\max}^s$ 为快车最大速度和慢车最大速度,如果第 n 辆车为快车,则按照式(4.7)加速;如果第 n 辆车为慢车,则按照式(4.8)加速;$TS_{n+1, \text{ other}}$ 表示相邻车道的前方车辆转向灯状态,1 为开启,0 为熄灭;rand() 表示在 0 和 1 之间取随机数;p_f 和 p_s 表示快车和慢车对前车转向灯做出反应的概率,这里令 $p_f \ll p_s$。

以慢车为例,如果相邻车道上前车转向灯亮,则该慢车以概率 p_s 将最大期望速度从 $v_{\max}$ 调整为 $v_{\max} - 1$,为相邻车道上前车的换道/超车留出一定的速度间隙,避免发生碰撞。对于转向灯效应的一个直观解释是,在自由流中,若相邻车道有

车辆要超车，驾驶员会以略小于最大速度的速度行驶，避免长时间并排行驶，以确保安全。

将基于转向灯效应的换道规则与 NaSch 模型单车道更新规则结合就可以得到基于转向灯效应的对称双车道 CA 模型。本节详细介绍 T-STCA 模型完整的更新规则，并与 STCA 模型、H-STCA 模型和 A-STCA 模型的模拟结果进行比较分析。

具体而言，T-STCA 模型更新规则如下。

步骤 1，令 $TS_n = 0$。

步骤 2，按照基于转向灯效应的换道规则进行换道。如果第 n 辆车满足 $d_n < \min(v_n^t+1, v_{\max}) \ \& \ d_{n,\text{other}} > d_n \ \& \ d_{n,\text{back}} > d_{\text{safe}} \ \& \ \text{rand}() < p_{\text{change}}$，则该车换至相邻车道上；如果第 n 辆车满足 $d_n < \min(v_n^t+1, v_{\max}) \ \& \ d_{n,\text{other}} > d_n \ \& \ d_{n,\text{back}} \leqslant d_{\text{safe}}$，则该车启动转向灯，即 $TS_n = 1$。

步骤 3，按照调整后的 NaSch 模型，对两个车道分别独立更新，即按照式(4.7)和式(4.8)进行加速；减速规则为 $v_n^{t+1} = \min(v_n^{t+1}, d_n)$；随机慢化规则以慢化概率 p，使 $v_n^{t+1} = \max(v_n^{t+1} - 1, 0)$。车辆位置更新为 $s_n^{t+1} = s_n^t + v_n^t$。

4.3.4 模拟结果分析

我们在周期性边界条件下对 T-STCA、STCA、H-STCA 和 A-STCA 模型进行仿真。设 $v_{\max}^f = 5$，$v_{\max}^s = 3$，$R=0.05$，$p = 0.3$，$p_f = 0$，$p_s = 1$，$p_{\text{change}} = 1$，$d_{\text{safe}} = v_{\max}^f$。四种模型基本图如图 4.9 所示。

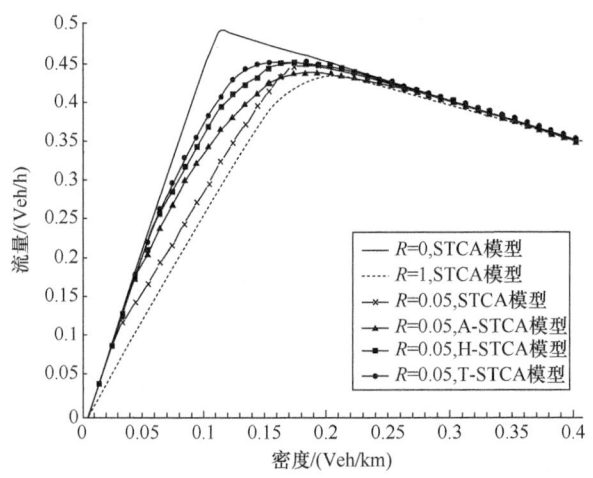

图 4.9 四种模型基本图

当车辆密度较小时($\rho < 0.04$)，慢车非常少，快车容易超越慢车，因此混合交

通流量基本等于纯快车($R=0$)时的流量。此时,四种模型基本图都与$R=0$时的STCA模型基本图重合。随着车辆密度增加,慢车在道路上形成塞子,交通流量受慢车的影响很大。STCA模型的流量首先向$R=1$的曲线弯曲靠拢,随后A-STCA模型、H-STCA模型、T-STCA模型也先后从$R=0$的曲线中分离出来。在高密度情况下($\rho>0.3$),即使慢车也无法达到最大速度,系统流量仅受道路剩余空间的影响。因此,四种模型基本图再次重合在一起。

从流量上比较,当$\rho\in[0.05,0.15]$时,T-STCA模型>H-STCA模型>A-STCA模型>STCA模型,证明T-STCA模型不容易形成塞子,能够更加真实地模拟混合交通流,而不会夸大慢车的作用。

图4.10为四种模型时空演化图。图中给出双车道中一条车道的时空演化图,自下向上为时空演化方向,自左至右为车辆行驶方向。系统中有两辆并行慢车构成的塞子,车辆密度$\rho=0.075$,慢化概率$p=0.1$。初始状态为道路中间位置两辆慢车在两条车道上并排行驶,其余快车随机分布。模拟采用周期性边界条件。从塞子消散过程看,在T-STCA模型中,即使两辆慢车并排行驶构成塞子,也会很快被快车穿过,不会对整个混合交通系统产生长时间的影响,消散速度比H-STCA、A-STCA、STCA模型都快。T-STCA模型与A-STCA模型中塞子消散过程有相似之处,都是快车流穿过慢车的塞子。但T-STCA模型比A-STCA模型所用时间短得多,只有A-STCA模型所用时间的一半,并且T-STCA模型的换道规则不会对后车速度产生太大的影响。T-STCA模型中的塞子一旦被穿过,两辆慢车之间距离就会被拉大,很难再次形成塞子,而A-STCA和H-STCA模型重新形成塞子的可能性仍比较大。

图4.11为转向灯效应对相邻车道上后车的影响示意图。图中,黑色方格表示快车,灰色方格表示慢车,虚线和箭头表示车辆的运动轨迹。快车启动转向灯,相邻车道后方慢车减速为$v=2$。不考虑随机慢化的作用,经历6个时间步,快车与后方慢车的间距逐渐拉大到6,成功换道。T-STCA模型能取得较好模拟效果的根本原因在于它能够逐步消解车间距在4个元胞以上的两辆慢车形成的塞子(图4.11),而H-STCA模型和A-STCA模型只能消解车间距在6个元胞以上的两辆慢车形成的塞子(图4.3和图4.5)。

由图4.11可以发现,转向灯效应并不直接作用于车辆换道过程,而是通过影响车辆更新规则,使车辆在运动过程中能够注意到相邻车道的前车具有换道意图,从而预留一定的速度间隙(即以稍低于前车的速度行驶)。速度间隙变成空间间隙需要一段时间的积累,因此考虑转向灯效应的换道规则往往不是在一个时间步完成换道,而是在多个连续时间步刻画换道超车的过程。当然,如果在换道行为完成之前,当前车道上交通状况好转,原本打算换道的车辆也可能放弃换道,继续在当前车道上行驶。

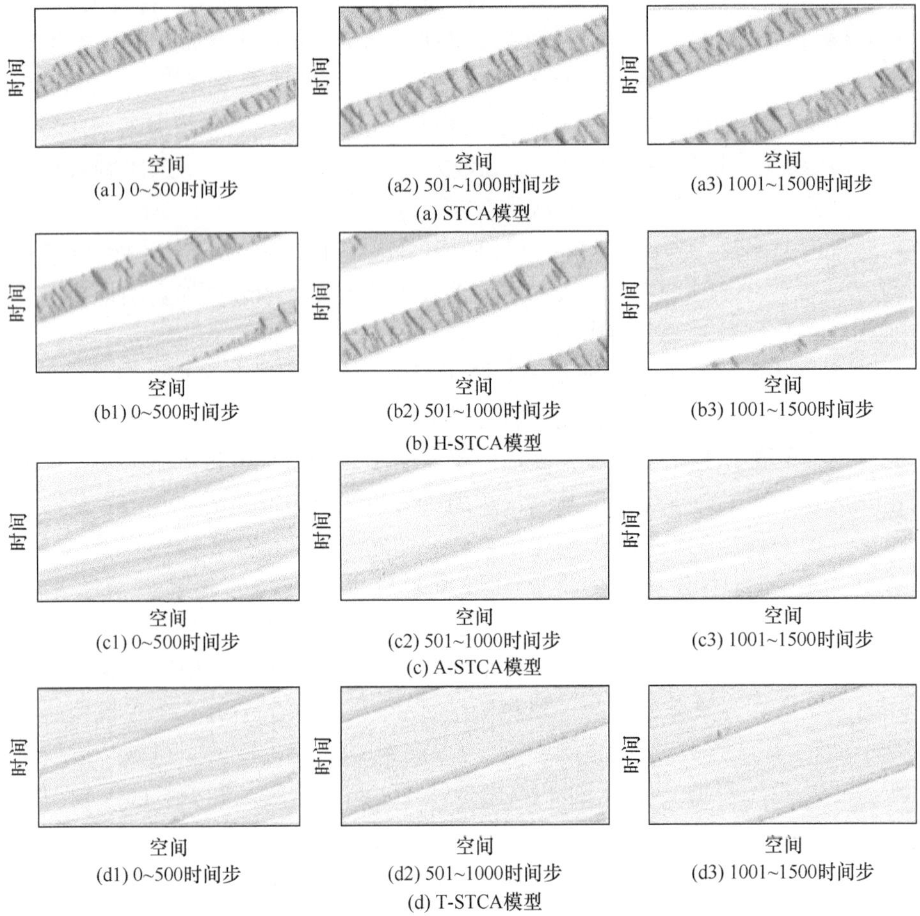

空间
(a1) 0~500时间步

空间
(a2) 501~1000时间步

空间
(a3) 1001~1500时间步

(a) STCA模型

空间
(b1) 0~500时间步

空间
(b2) 501~1000时间步

空间
(b3) 1001~1500时间步

(b) H-STCA模型

空间
(c1) 0~500时间步

空间
(c2) 501~1000时间步

空间
(c3) 1001~1500时间步

(c) A-STCA模型

空间
(d1) 0~500时间步

空间
(d2) 501~1000时间步

空间
(d3) 1001~1500时间步

(d) T-STCA模型

图 4.10　四种模型时空演化图

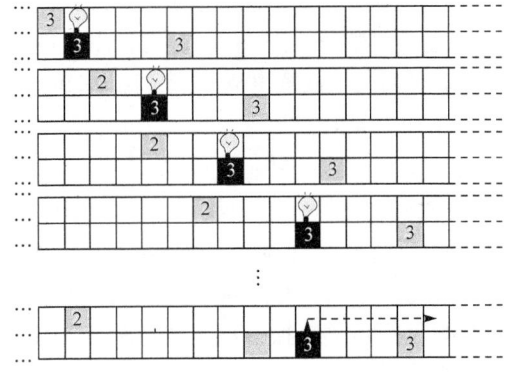

图 4.11　转向灯效应对相邻车道上后车的影响示意图

根据模型设计的出发点和模拟结果的对比分析，基于转向灯效应的 T-STCA 模型具有以下优点。

① 能更快地消除中密度下的塞子，相同条件下系统流量比其他三种模型都大。
② 塞子一旦被消除，再次形成的可能性小。
③ 转向灯现象广泛存在并且有法律依据，非常符合现实情况。
④ 换道行为严格满足安全条件，对后车速度的影响小。
⑤ 现有换道规则大多是一步完成换道。T-STCA 模型能刻画跨越多个连续时间步的动态超车行为，直至完成换道或前车放弃换道，非常灵活，更接近复杂的现实。

4.4　本 章 小 结

STCA 模型将 NaSch 单车道模型扩展到双车道，但换道规则夸大了系统中慢车的作用，因此 H-STCA 模型和 A-STCA 模型针对这一问题进行了改进，取得了一定的效果，但仍有一些慢车形成的塞子无法消解。

本章提出基于转向灯效应的 T-STCA 模型。模拟结果表明，该模型能有效地消除大部分在 H-STCA 模型和 A-STCA 模型中稳定存在的塞子，使混合交通系统的流量得到进一步提高。

参 考 文 献

[1] Chowdhury D, Santen L, Schreckenberg A. Statistics physics of vehicular traffic and some related systems[J]. Physics Reports, 2000, 329(4-6): 199-329.
[2] Helbing D. Traffic and related self-driven many-particle systems[J]. Reviews of Modern Physics, 2001, 73: 1067-1141.
[3] Shang H Y, Huang H J, Gao Z Y. Impacts of variable message signs on traffic congestion[J]. Science China Series E, 2009, 52(2): 477-483.
[4] Nagel K, Schreckenberg M. A cellular automaton model for freeway traffic[J]. Journal de Physique I, 1992, 2(12): 2221-2229.
[5] Fukui M, Ishibashi Y. Traffic flow in 1D cellular automaton model including cars moving with high speed[J]. Journal of the Physical Society of Japan, 1996, 65(6): 1868-1870.
[6] Nagatani T. The physics of traffic jams[J]. Reports on Progress in Physics, 2002, 65(9): 1331-1386.
[7] Jiang R, Wu Q S. The adaptive cruise control vehicles in the cellular automata model[J]. Physics Letter A, 2006, 359(2): 99-102.
[8] Benjamin S C, Johnson N F, Hui P M. Cellular automaton models of traffic flow along a highway containing a junction[J]. Physica A, 1996, 29(12): 3119-3127.
[9] Lei L, Dong L Y, Song T, et al. Study on the traffic flow of weaving section in elevated road system with cellular automaton model(in Chinese)[J]. Acta Physica Sinica, 2006, 55(4): 1711-1717.

[10] Knospe W, Schadschneider L, Schadschneider A, et al. Towards a realistic microscopic description of highway traffic flow[J]. Physica A, 2000, 33(48): L477-L485.

[11] Brockfeldl E, Barlovic R, Schadschneider A, et al. Optimizing traffic lights in a cellular automaton model for city traffic[J]. Physical Review E, 2001, 64: 56132.

[12] Kerner B S, Klenov S L, Wolf D E. Cellular automata approach three-phase traffic theory[J]. Physica A, 2002, 35(47): 9971-10013.

[13] Mei C Q, Huang H J, Tang T Q. A cellular automaton model for studying the on-ramp control of highway[J]. Acta Physica Sinica, 2008, 57(8): 4786-4793.

[14] Peng Y, Shang H Y, Lu H P. Analysis of phase transition in traffic flow based on a new model of driving decision[J]. Communications in Theoretical Physics, 2011, 56(1): 177-183.

[15] 贾斌, 高自友, 李克平, 等. 基于元胞自动机的交通系统建模与模拟[M]. 北京: 科学出版社, 2007.

[16] Rickert M, Nagel K, Schreckenberg M, et al. Two lane traffic simulations using cellular automata[J]. Physica A, 1996, 231(4): 534-550.

[17] Chowdhury D, Wolf D E, Schreckenberg M. Particle hopping models for two-lane traffic with two kinds of vehicles: effects of lane changing rules[J]. Physica A, 1997, 235(3-4): 417-439.

[18] Belitsky V, Krug J, Jordão E, et al. A cellular automaton model for two-lane traffic[J]. Journal of Statistical Physics, 2001, 103(5-6): 945-971.

[19] Knospe W, Santen L, Schadschneider A, et al. A realistic two-lane traffic model for highway traffic[J]. Physica A, 2002, 35: 3369-3388.

[20] Jia B, Jiang R, Wu Q S. A realistic two-lane cellular automaton model for traffic flow[J]. Physica C, 2004, 15(3): 381-392.

[21] Song W G, Yu Y F, Fan W C, et al. A cellular automata evacuation model considering friction and repulsion[J]. Sciece China Series E, 2005, 48(4): 403-413.

[22] Li X G, Jia B, Gao Z Y, et al. A realistic two-lane cellular automata traffic model considering aggressive lane-changing behavior of fast vehicle[J]. Physica A, 2006, 367(15): 479-486.

[23] Mallikarjuna C, Rao R K. Cellular automata model for heterogeneous traffic[J]. Journal of Advanced Transportation, 2009, 43(3): 321-345.

[24] Hu Q M, Fang W N, Jia Y Q, et al. The simulation and analysis of pedestrian crowd and behavior[J]. Sciece China Series E, 2009, 52(6): 1762-1767.

[25] Jia B, Jiang R, Wu Q S, et al. Honk effect in the two-lane cellular automaton model for traffic flow[J]. Physica A, 2005, 348(3): 544-552.

[26] Dong C F, Ma X, Wang B H. Advanced information feedback strategy in intelligent two-route traffic flow systems[J]. Sciece China Series E, 2010, 53(11): 2265-2271.

第 5 章 混合交通流右转车道影响研究

在我国现实交通中,十字路口的右转车辆不受信号灯的控制,它们的影响不受重视。本章运用 CA 模型模拟十字路口处车辆的复杂转弯行为,仿真结果与在北京四环观测到的非常一致。研究发现,右转车辆可能在十字路口附近产生队列,为右转车辆设计短车道对于改善交通流有突出效果,但是一个过长的车道不会如预期的那样进一步降低停车率。这些发现加深了我们对右转车辆影响的理解,有助于对十字路口的设计与管理。

5.1 引 言

发展中国家的一些城市,商业中心区附近的交通要道绝大部分是由带有辅路的高速公路组成,如北京市二环、三环、四环、五环道路。由于严重的交通压力,环路及其辅路经常发生拥堵。我们对北京四环道路的调查显示,交通拥堵主要发生在两个典型的点上,即坡道和十字路口。北京四环道路全长 65km,有桥梁 147 座(其中天桥 51 座)。辅路上典型的十字路口如图 5.1 所示。辅路有一个或两个车道,且很少为右转车辆提供专用车道。要右转的车辆不得不在直右车道上行驶,因此会对交通流产生一些影响。观察发现,当十字路口附近的交通流量很大时,右转车辆会形成一个前进非常缓慢的队列,不可避免的与其他车辆发生冲突。图 5.2 为右转车辆与其他车辆之间的冲突示意图。

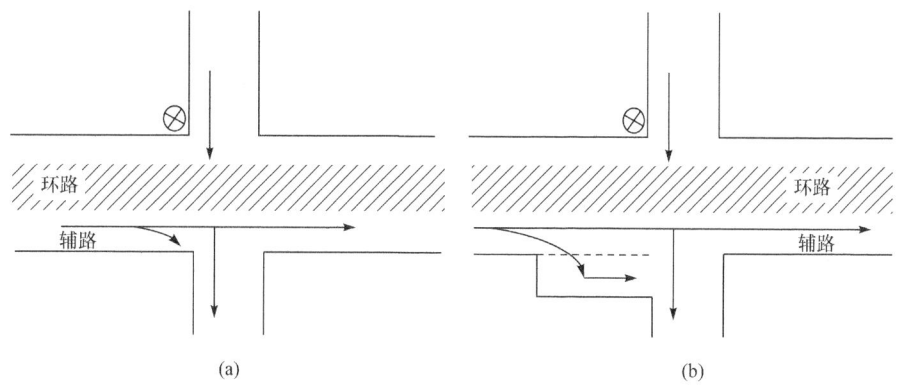

图 5.1 辅路上典型的十字路口

图 5.2 右转车辆与其他车辆之间的冲突示意图

但是，针对右转车辆的相关研究并不多。这是因为，在许多城市(如北京)，右转车辆不受十字路口信号灯的控制。在大多数交通流模型中，右转车辆通常被当做次要因素[1-6]。毫无疑问，十字路口是城市交通系统的重要组成部分，转弯车辆的行为值得进一步研究[7-14]。当前关于十字路口的研究主要有如下方面。

① 间隙接受理论。通常被用来计算非信号控制十字路口或环岛的容量，显示直行或者转弯车辆的自适应性[15-20]。但是，必须估计临界间隙，并且主路上的车辆拥有移动的绝对优先权。

② 回归方法。该方法的目的在于，从统计学的角度发现十字路口的交通安全与状态的关系[21-23]，需要大量的调查和经验数据。

③ 冲突理论。主要探讨双路或四路停车的信号控制交叉口[24-27]，分析交叉口的容量或延迟[28,29]。

④ 仿真方法。仿真方法是研究各种复杂交通现象的重要工具[1,30-34]。由于方法简单，CA 模型被广泛应用。例如，Brockfeld 等[34]运用仿真方法研究交通流中信号灯控制周期最优化和控制策略的影响；Fouladvand 等[35]分析环岛交通流量，发现环岛周长可能会影响交通延迟时间。

以上研究虽然解释了一些复杂的交通现象，但很少研究右转车辆的行为和影响。数量有限的文献提到了与右转车辆短车道相关的话题[2,13,36]。Tian 等指出右转车道的超安全标准设计可能会导致不必要成本。然而，右转车道的不安全设计将导致容量不足[13]，遗憾的是人们没有做更多的调查来提供证据。

本章的目的在于对右转车辆的行为和影响进行深入分析。车辆的驾驶行为受很多因素影响，如位置、速度、交通法规等。仿真方法适合处理各种各样的情况。本章选择和扩展 CA 模型，考虑右转车辆和十字路口的物理间距，同时提出新的车辆移动规则。

5.2 模 型

为了突出右转车辆的影响，图 5.1 可简化为图 5.3。图 5.3 为十字路口元胞示意图。每一个车道被分为 L 个元胞，每个元胞被一辆车占用或空闲。令 $i \in \{1,2,3\}$ 表示第 i 个车道，$i=1(i=2)$ 相当于车道 1(车道 2)，$i=3$ 指短车道。令 x_n^i 和 v_n^i 分别代表第 i 车道第 n 辆车的位置和速度，$V_{\max}$ 代表最大速度，$d_n^i = x_{n+1}^i - x_n^i + 1$ 代表在时间 t 第 n 辆车与前一辆车之间的距离。每辆车都能够以速度 $v_n^i \in \{0,\cdots,V_{\max}\}$ 向前移动。所有车辆被定义为三类，即 a 类(通过车道 1 的车辆)、b 类(通过车道 2 的车辆)、c 类(右转车辆)。信号灯位于元胞 J_1 且周期为 T。

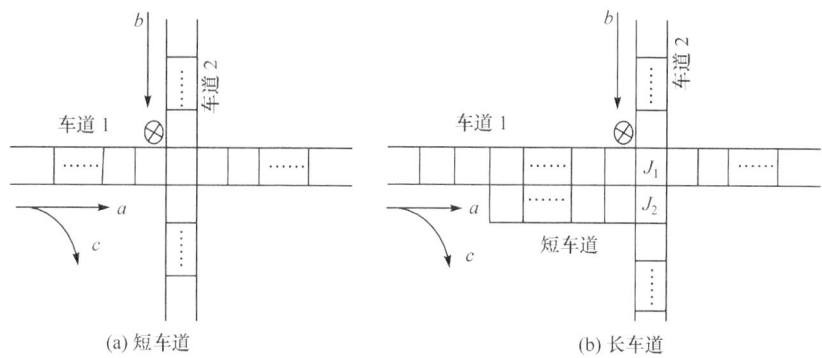

图 5.3 十字路口元胞示意图

5.2.1 车辆运动规律

1. a 类和 b 类车辆

由于 a 类车辆和 b 类车辆受信号灯控制，它们的位置更新规则可以简化如下。

步骤 1，加速度，$v_n^i \to \min(v_n^i+1, V_{\max})$。

步骤 2，根据交通突发状况或者红灯刹车，$v_n^i \to \min(v_n^i, d_n^i, s_n^i)$ 或 $v_n^i \to \min(v_n^i, d_n^i)$。

步骤 3，随机选择，根据概率 p，$v_n^i \to \max(v_n^i-1, 0)$。

步骤 4，运动，$x_n^i \to x_n^i + v_n^i$。

$s_n^i = L_{\text{sig}} - x_n^i + 1$ 是指在第 n 辆车到交叉口之间的空闲元胞数目，L_{sig} 是交叉口位置，x_n^i 是第 i 车道第 n 辆车的位置。

2. c 类车辆

根据规定，短车道只能用于 c 类车辆通行，a 类车辆不能使用，并且 b 类车辆绿灯期间，拥有超过 c 类车辆的绝对优先权。因此，如果一个十字路口没有短车道(如图 5.3(a)所示，没有车道 3)，c 类车辆必须发现一个合适的机会进入元胞 J_1，然后在元胞 J_1 内右转；如果一个十字路口有短车道(如图 5.3(b) 所示，设有车道 3)，c 类车辆应该首先决定，使用或者不使用短车道；然后，决定如何避免与元胞 J_1 和 J_2 的车辆发生冲突。

第一个决策相对比较简单。假如车道 1 在元胞 J_1 上游有 l 个元胞，车道 2 在元胞 J_2 上游有 m 个元胞。当 c 类车辆到达位置 x_n^1，并且不能改变车道(即 $x_n^1 < l-m$)，该车辆必须使用 Nagel-Schreckenberg(NS)模型向前移动[30]；否则，若可以改变车道(即 $x_n^1 \geq l-m$)，该车要决定是否进入车道 3。假设进入车道 3 的车辆比例是 p_c，在满足安全标准时，即相应元胞空闲，并且下游空闲元胞的数量大于车道 3 上最近车辆的速度，那么该车就能够以现有速度进入车道 3。

第二个决策比较复杂。c 类车辆的移动必须由它的位置决定。如果这辆车在上游，但不是离元胞 J_1 或 J_2 最近的车辆，或者已经进入车道 2，那么它可以根据 NS 模型继续向前移动[30]。如果这辆车在元胞 J_1 或 J_2 上游且是最近的车辆，那么它的运动轨迹需要进一步讨论。

令 k^i 是在十字路口上游车道 i 的最近车辆，$D1(D2)$ 是 $k^1(k^2)$ 车辆与元胞 J_1 之间的距离，$D3$ 是 k^3 车与元胞 J_2 之间的距离。令 $t_1(t_3)$ 代表 $k^1(k^3)$ 车在排除随机性的情况下，到达元胞 $J_1(J_2)$ 要花费的时间，$t_{21}(t_{22})$ 指 k^2 车不考虑随机性的情况下到达元胞 $J_1(J_2)$ 要花费的时间。令 δ^1、δ^2、η_{J_1}、η_{J_2} 是 0～1 变量，$\delta^1 = 1$ 且 $\delta^2 = 0$ 指车道 1 的信号灯为绿，并且 a 类车辆能够向前移动；$\delta^1 = 0$ 且 $\delta^2 = 1$ 表示车道 2 信号灯为绿，并且 b 类车辆可以向前移动；$\eta_{J_1} = 1$ ($\eta_{J_2} = 1$)表示元胞 $J_1(J_2)$ 被车辆占有，$\eta_{J_1} = 0$ ($\eta_{J_2} = 0$) 表示元胞 $J_1(J_2)$ 空闲。简便起见，假设 c 类车辆能够在一个时间步长从元胞 J_1 移动到元胞 J_2。

当车道 2 的信号灯为红灯时，时间 t_{21} 无穷大，可以得到下式，即

$$t_{21} = \begin{cases} D2/\min(V_{\max}, D2, v_{k^2}^2+1), & \delta^1=0 \ \& \ \delta^2=1 \\ \infty, & \delta^1=1 \ \& \ \delta^2=0 \end{cases} \quad (5.1)$$

其中，$V_{\max}$、$D2$ 和 $v_{k^2}^2+1$ 是绿灯期间 k^2 内 b 类车辆加速度的三个可能选择；$\min(V_{\max}, D2, v_{k^2}^2+1)$ 是没有随机性的情况下的最小速度；$D2/\min(V_{\max}, D2, v_{k^2}^2+1)$

是绿灯期间第 k^2 车辆到达元胞 J_1 的最大时间。

同理，t_{22} 和 t_3 可由下式得到，即

$$t_{22} = \begin{cases} (D2+1)/\min\left(V_{\max}, D2+1, v_{k^2}^2+1\right), & \delta^1 = 0 \,\&\, \delta^2 = 1 \\ \infty, & \delta^1 = 1 \,\&\, \delta^2 = 0 \end{cases} \tag{5.2}$$

$$t_3 = D3/\min\left(V_{\max}, D3, v_{k^3}^3+1\right) \tag{5.3}$$

应该注意的是，t_1 取决于车道 1 上最近的车辆。如果 k^1 是直行车，当车道 1 上的信号灯为红灯时，t_1 无穷大。但是，如果 k^1 是右转车辆，则 t_1 不受信号灯变化的影响。因此，t_1 可以简化为

$$t_1 = \begin{cases} D1/\min\left(V_{\max}, D1, v_{k^1}^1+1\right), & \delta^1 = 1 \,\&\, \delta^2 = 0 \\ \infty, & \delta^1 = 0 \,\&\, \delta^2 = 1 \end{cases} \tag{5.4}$$

$$t_1 = D1/\min\left(V_{\max}, D1, v_{k^1}^1+1\right) \tag{5.5}$$

其中，式(5.4)针对 a 类 k^1 车辆；式(5.5)针对 c 类 k^1 车辆。

然后，我们可以模拟短车道上 k^3 车辆的运动。这种车辆应该按如下规则避免与车道 2 上的 b 类车辆或者来自元胞 J_1 的 c 类车辆冲突。

① 当 $D3 > L_{\text{sig}} - V_{\max}$ 时，k^3 车辆不能在一个时间步长内到达元胞 J_2，可以根据 NS 模型向前行驶[30]。

② 当 $1 < D3 \leq L_{\text{sig}} - V_{\max}$ 时，k^3 车辆能够在一个时间步长内到达元胞 J_2，但是它应该决定是驶入元胞 J_2 还是元胞 J_2 的上游元胞。如果 $\delta^2 = 1$ 且 $t_{22} \leq t_3$ (即 b 类车辆可能进入元胞 J_2)，或者 $\eta_{J_1} = 1$ (即元胞 J_1 被占且有车辆肯定会在下一个时间步长内进入元胞 J_2)，那么 $v_{k^3}^3 \to \min\left(D3-1, v_{k^3}^3, V_{\max}, L_{\text{sig}} - d_{k^3}^3\right)$。该 k^3 车辆可能会到达元胞 J_2 的上游元胞。这样可以使 k^3 车辆不会与车道 2 上的 b 类车辆发生碰撞，并且不会与元胞 J_1 内的车辆同时进入元胞 J_2；否则，$v_{k^3}^3 \to \min\left(D3, v_{k^3}^3, V_{\max}, L_{\text{sig}} - d_{k^3}^3 + 1\right)$，$k^3$ 车辆可能进入元胞 J_2。

③ 当 $D3 = 1$ 时，k^3 车辆能够到达元胞 J_2 上游元胞。若 $\delta^2 = 1$ 且 $t_{22} \leq 1$，或者 $\eta_{J_2} = 1$，k^3 车辆应该立即停车，因为元胞 J_2 已经被占用或者 k^2 车辆将会在一个时间步长内到达元胞 J_2；否则，k^3 车辆到达元胞 J_2，并且 $v_{k^3}^3 \to \min(D3, v_{k^3}^3+1, V_{\max}, L_{\text{sig}} - d_{k^3}^3 + 1)$。

④ 当 $D3 = 0$ 时，k^3 车辆正在占用元胞 J_2，并且将在下一个时间步长离开十

字路口，即 $v_{k^3}^3 \to \min(D3, v_{k^3}^3+1, V_{\max}, L_{\text{sig}} - d_{k^3}^3 + 1)$。

车道 1 上的 c 类 k^1 车辆可以制定相似的运动规则。

① 当 $D1 > L_{\text{sig}} - V_{\max}$ 时，k^1 车辆将按 NS 模型向前行驶[30]。

② 当 $1 < D1 \leq L_{\text{sig}} - V_{\max}$ 时，车辆 k^1 可以到达元胞 J_1 上游。如果 $t_{21} \leq t_1$ 或者 $\eta_{J_1} = 1$，那么 $v_{k^1}^1 \to \min(D1-1, v_{k^1}^1, V_{\max}, L_{\text{sig}} - d_{k^1}^1)$；否则，$v_{k^1}^1 \to \min(D1, v_{k^1}^1, V_{\max}, L_{\text{sig}} - d_{k^1}^1 + 1)$。显然，$t_1$ 可以由式(5.5)得到。

③ 当 $D1 = 1$ 时，车辆可以到达元胞 J_1 的上游元胞。如果 $\delta^2 = 0$ 并且 $t_{21} \leq 1$，或者 $\eta_{J_1} = 1$，那么 $v_{k^1}^1 \to 0$；否则，$v_{k^1}^1 \to \min(D1, v_{k^1}^1+1, V_{\max}, L_{\text{sig}} - d_{k^1}^1 + 1)$。

④ 当 $D1 = 0$ 时，令 $v_{k^1}^1 \to \min(D1, v_{k^1}^1+1, V_{\max}, L_{\text{sig}} - d_{k^1}^1 + 1)$。

5.2.2 边际条件

我们采用开放边界进行模拟。在每一个时间步长内，一旦一辆车的状态更新完成，应该对车道 i 上最后一辆车的位置 x_{last}^i 进行检查。若 $x_{\text{last}}^i > V_{\max}$，以速度 $V_{\max}$ 行驶的车辆将在元胞 $\min(V_{\max}, x_{\text{last}}^i - V_{\max})$ 驶入车流。该 x_{first}^i 是第 i 车道的首辆车，如果 $x_{\text{first}}^i > L$，每个车道的第一辆车将被移除，紧随它的车将会成为新的第一辆车。

因为右转车辆影响直行车辆，我们引进停车率来衡量这种影响。在每个时间步长内，停车率具有如下定义，即

$$\gamma_j = N_{0j} / N_j \tag{5.6}$$

其中，N_{0j} 和 N_j 分别是静态 j 类车辆的数量和 j 类车辆的全部数量。

5.3 仿真结果与讨论

在本章仿真中，道路均匀分成 $L = 1000$ 个元胞，其他参数分别为 $L_{\text{sig}} = 751$、$V_{\max} = 3$、$p = 0.2$、$p_c = 0.8$、$T = 80$。前 4000 时间步长的结果被丢弃，流量是最后 1000 时间步长的平均值。

5.3.1 定性分析

为了进一步理解右转车辆对整个系统的影响，首先考虑没有短车道的十字路口。图 5.4 为车辆时空图，显示不同 P_e^i 值时，从 4000 时间步长到 5000 时间步长的车辆轨迹，其中 P_e^i 为车道 i 上 c 类车辆的比例。图 5.4(a)～图 5.4(d)中的 (P_e^1, P_e^2)

值分别为(0.2, 0.2)、(0.8, 0.8)、(0.2,0.8)和(0.8, 0.2)。可以看出，随着 P_e^i 值增大，交通变得更加拥挤，并且 c 类车辆和 b 类车辆的冲突在绿灯期间也会发生。虽然密度低，但是排队现象仍然存在(图 5.4(a)~(b))。随着密度增加，排队逐渐成为离散流的涌动(图 5.4(b)~图 5.4(h))。c 类车辆没有优先权，希望尽早进入十字路口。每一辆 c 类车辆都紧紧跟随前一辆车。一旦 b 类车辆到达，这种紧密的车流模式

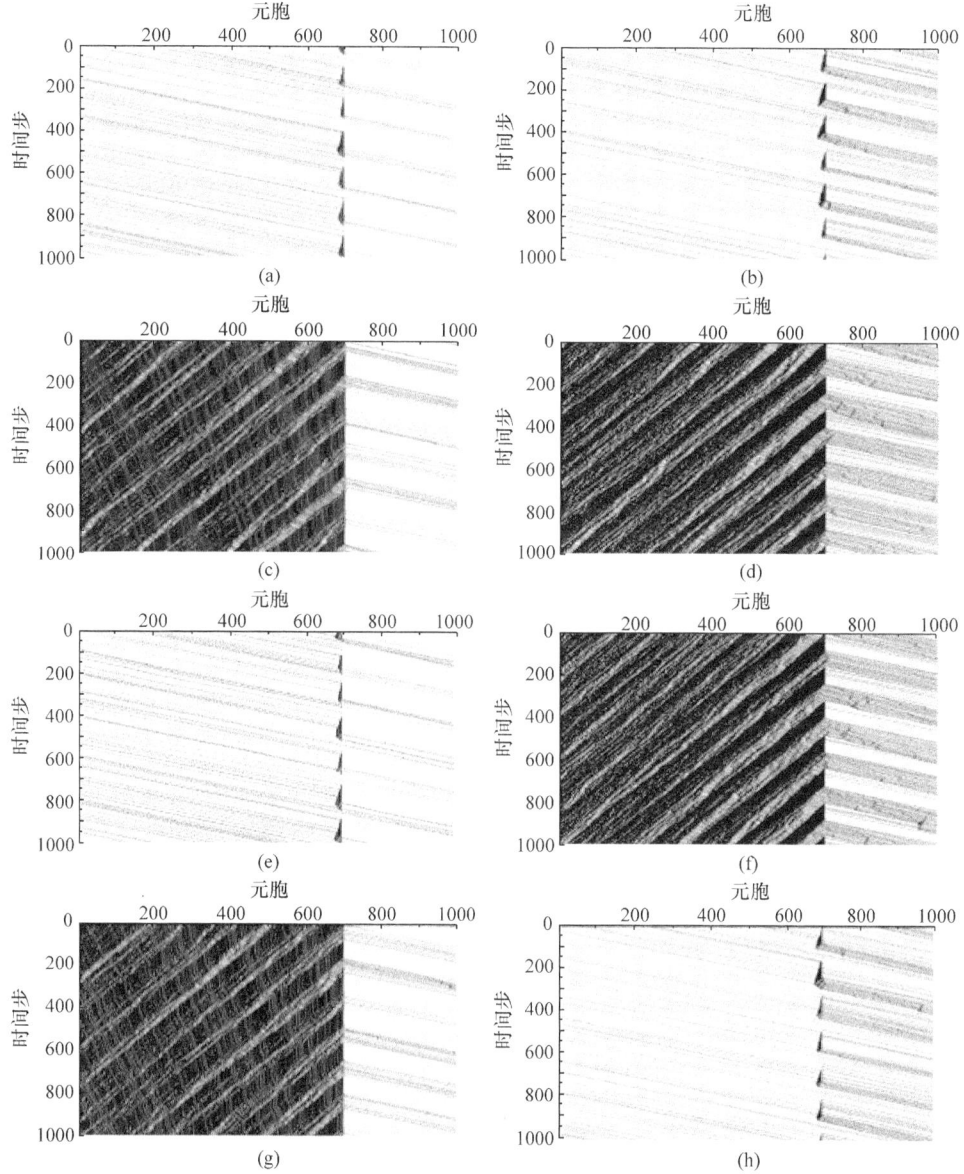

图 5.4 对于不同的 P_e^i 值，车辆的时空图

就会被打乱。这种现象有现实的原因。在真实的交通中，右转车辆在十字路口不得不等待直行车辆，寻找一个间隙右转。我们的调查显示，右转车辆通常在车道2的绿灯早期或者红灯期间通过十字路口。如果十字路口和 c 类车辆的物理间隙比十字路口和 b 类车辆的物理间隙小，那么 c 类车辆就会一辆接一辆的快速通过十字路口。

图 5.4 也解释了这样一种现象，即下游的 a 类车辆正在等待绿灯，上游的 c 类车辆将会拥堵。图 5.5 为调查的十字路口，是北京市四环路花乡桥拍摄到的真实图片，进一步验证了实验结果。在图 5.5 中，人行道旁边的车道是自行车道，没有短车道，因为在下游有两辆直行车辆在等待绿灯，两辆右转车辆必须停车。

图 5.5　调查的十字路口

5.3.2　定量分析

本节研究 c 类车辆和车道 3 的综合影响。令 p_r 表示 c 类车辆在车道 1 中的比例，m 为短车道的元胞数量(即车道 3 长度)。如果十字路口没有短车道(即 $m=0$)，不同 p_r 时的停车率如表 5.1 所示。从表 5.1 中可以得到以下结论。

① a 类车辆的停车率(γ_1)总是大于那些 b 类和 c 类车辆，因为 a 类车辆不但受红灯的影响，而且受 c 类车辆的影响。但是，当 p_r 很小，如 $p_r=0.2$ 时，γ_1 有所下降，意味着 c 类车辆能够影响 a 类车辆的运动。

② 当 p_r 小时，b 类车辆不会受到 c 类车辆的明显影响，停车率(γ_2)变化较小。当 p_r 持续变大，b 类车辆的停车率 γ_2 会因为它们在十字路口对 c 类车辆的绝对优先级而下降。这说明，在现实交通中，红灯比车道 1 中 c 类车辆的比例有更显著的影响。

③ c 类车辆的停车率(γ_3)随着 p_r 下降，意味着 a 类和 c 类车辆之间的干扰比 b 类和 c 类车辆之间的干扰更加强烈。假如下游的 a 类车辆正在等红灯，c 类车辆将不能向前移动。

表 5.1 不同 P_r 时的停车率

P_r	γ_1	γ_2	γ_3
$p_r = 0$	0.367011	0.336777	0
$p_r = 0.2$	0.344601	0.333415	0.322518
$p_r = 0.4$	0.360619	0.322283	0.329796
$p_r = 0.6$	0.386313	0.317732	0.316101
$p_r = 0.8$	0.406218	0.224794	0.297605
$p_r = 1$	0	0.223129	0.292160

图 5.6~图 5.8 分别为 a 类、b 类、c 类车辆停车率和车道 3 长度之间的关系示意图，展示 γ_1、γ_2、γ_3 分别与车道 3 长度 m 之间的关系。在图 5.6 中，如果 $p_r = 1$，因为没有 a 类车辆，γ_1 为 0；否则，γ_1 随着 p_r 的增长而增长。如果 p_r 很小，只有少量 c 类车辆涉及冲突，它们的影响很小，因此 m 对 γ_1 有更小的影响。但是，随着 p_r 的增大，γ_1 增大。另外，对每一个值 p_r，停车率有相同的变化趋势，即 γ_1 先增加后下降，最终达到一个常量。因此，可以认为，短车道存在一个最优长度。正如 Tian 等[13]提出的，短车道的不合理设计将导致十字路口的容量不足。太长的右转车道不会进一步降低 a 类车辆的停车率，相反会导致更大的投资比例。

图 5.7 显示，因为 b 类车辆对 c 类车辆有绝对的优先权，p_r 和 m 对 b 类车辆的停车率 γ_2 都没有很大的影响。

图 5.8 显示，过长的右转车道并不能进一步降低 c 类车辆的停车率。

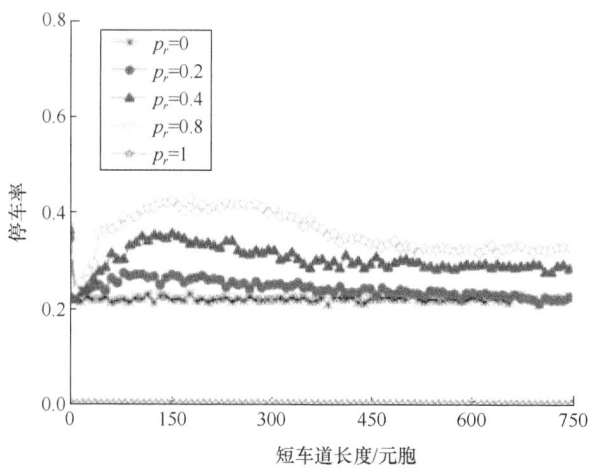

图 5.6 a 类车辆停车率和车道 3 长度之间的关系示意图

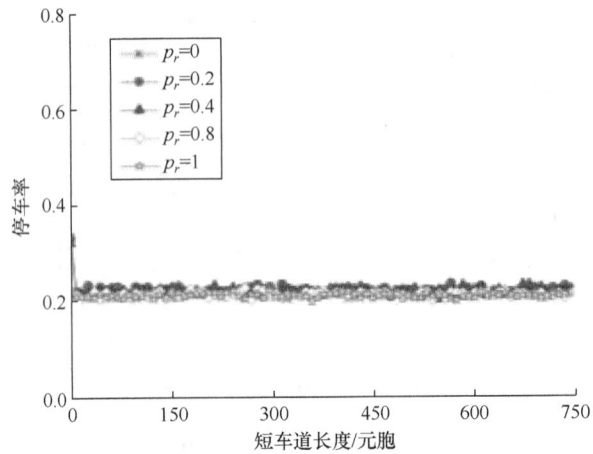

图 5.7　b 类车辆停车率和车道 3 长度之间的关系示意图

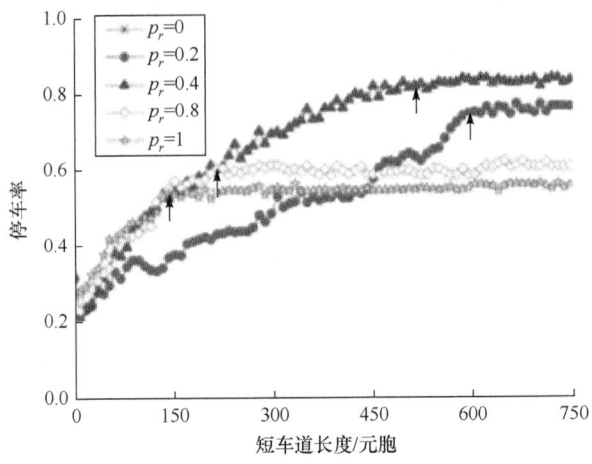

图 5.8　c 类车辆停车率和车道 3 长度之间的关系示意图

5.4　本章小结

在中国的大多数城市，十字路口的右转车辆通常不受信号灯控制，它们在交通流中的影响往往容易被忽略。但是，我们的实地调查显示，右转车辆的影响确实存在。本章提出一种方法研究信号控制十字路口的右转车辆影响和行为。直行和右转车辆的运动用一个扩展的 CA 模型进行模拟，并提出停车率的度量指标，判断对整个系统中右转车辆的影响。仿真结果显示，右转车辆会影响其他车辆，并且右转短车道存在最优长度。短车道对直行车辆的影响很小，但是对右转车辆的影响很大。

参 考 文 献

[1] 贾斌, 高自友, 李克平, 等. 基于元胞自动机的交通系统建模与模拟[M]. 北京: 科学出版社, 2007.
[2] National Research Council. Highway capacity manual, transportation research board[R]. National Research Record, Washington D.C., 2000.
[3] Tiwari G, Mohan D, Fazio J. Conflict analysis for prediction of fatal crash locations in mixed traffic streams[J]. Accident Analysis & Prevention, 1998, 30(2): 207-215.
[4] Pan J X, Xue Y, Liang Y J, et al. Effect of road structure on the capacity of a signalized road intersection[J]. Chinese Physics B, 2009, 18(10): 4169.
[5] Huang D, Huang W. The influence of tollbooths on highway traffic[J]. Physica A, 2002, 312(3-4): 597-608.
[6] Nagatani T. The physics of traffic jams[J]. Reports on Progress in Physics, 2002, 65(9): 1331-1386.
[7] Li X G, Gao Z Y, Jia B, et al. Cellular automata model for unsignalized T-shaped intersection[J]. International Journal of Modern Physics C, 2009, 20(4): 501-512.
[8] Ding Z J, Sun X Y, Liu R R, et al. Traffic flow at a signal controlled t-shaped intersection[J]. International Journal of Modern Physics C, 2010, 21(3): 443-455.
[9] Wu Q S, Li X B, Hu M B, et al. Study of traffic flow at an unsignalized T-shaped intersection by cellular automata model[J]. The European Physical Journal B, 2005, 48(2): 265-269.
[10] Chandra S, Kumar U. Effect of lane width on capacity under mixed traffic conditions in India[J]. Journal of Transportation Engineering, 2003, 129(2): 155-160.
[11] Xie D F, GaoZ Y, ZhaoX M, et al. Characteristics of mixed traffic flow with non-motorized vehicles and motorized vehicles at an unsignalized intersection[J]. Physica A, 2009, 388(10): 2041-2050.
[12] Tang T Q, Huang H J, Shang H Y. A dynamic model for the heterogeneous traffic flow consisting of car, bicycle and pedestrian[J]. International Journal of Modern Physics C, 2010, 21(2): 159-176.
[13] Tian Z Z, Wu N. Predicting speeds in an urban right-turn lane[J]. Journal of Transportation Engineering, 2006, 132(3): 199-204.
[14] Cova T J, Johnson J P. A network flow model for lane-based evacuation routing[J]. Transportation Research Part A, 2003, 37(7): 579-604.
[15] Nagel K, Schreckenberg M. A cellular automaton model for freeway traffic[J]. Journal de Physique I, 1992, 2(12): 2221-2229.
[16] Daganzo C F. Estimation of gap acceptance parameters within and across the population from direct roadside observation[J]. Transportation Research Part B, 1981, 15(1): 1-15.
[17] Pollatschek M A, Polus A, Livneh M. A decision model for gap acceptance and capacity at intersections[J]. Transportation Research Part B, 2002, 36(7): 649-663.
[18] Peng Z R, Guequierre N, Blakeman J. Motorist response to arterial variable message signs[J]. Transportation Research Record, 2004, 1899: 55-63.
[19] Yan X, Radwan E, Guo D. Effects of major-road vehicle speed and driver age and gender on

left-turn gap acceptance[J]. Accident Analysis & Prevention, 2007, 39(4): 843-852.

[20] Chan C Y, Ragland D, Shladover S, et al. Observations of driver time gap acceptance at intersections in left-turn across-path-opposite-direction scenarios[J]. Transportation Research Record, 2005, 1910: 10-19.

[21] Yan X, Radwan E. Influence of restricted sight distances on permitted left-turn operation at signalized intersections[J]. Journal of Transportation Engineering, 2008, 134(2): 68-76.

[22] Yan X, Radwan E. Effect of restricted sight distances on driver behaviors during unprotected left-turn phase at signalized intersections[J]. Transportation Research Part F, 2007, 10(4): 330-344.

[23] Sato T, Akamatsu M. Modeling and prediction of driver preparations for making a right turn based on vehicle velocity and traffic conditions while approaching an intersection[J]. Transportation Research Part F, 2008, 11(4): 242-258.

[24] Wu N. Determination of capacity at all-way stop-controlled intersections[J]. Transportation Research Record, 2000, 1710: 205-214.

[25] Brilon W, Wu N. Capacity at unsignalized intersections derived by conflict technique[J]. Transportation Research Record, 2001, 1776: 82-90.

[26] Wu N. Total capacities at all-way stop-controlled intersections: Validation and comparison of highway capacity manual procedure and addition-conflict-flow technique[J]. Transportation Research Record, 2002, 1802: 54-61.

[27] Wang Y, Nihan N L. Estimating the risk of collisions between bicycles and motor vehicles at signalized intersections[J]. Accident Analysis & Prevention, 2004, 36(3): 313-321.

[28] Wong S C, Sze N N, Li Y C. Contributory factors to traffic crashes at signalized intersections in Hong Kong[J]. Accident Analysis & Prevention, 2007, 39(6): 1107-1113.

[29] Harwood D, Bauer K, Potts I, et al. Safety effectiveness of intersection left-and right-turn lanes[J]. Transportation Research Record, 2003, 1840: 131-139.

[30] Fukui M, Ishibashi Y. Traffic flow in 1D cellular automaton model including cars moving with high speed[J]. Journal of the Physical Society of Japan, 1996, 65(6): 1868-1870.

[31] Benjamin S C, Johnson N F, Hui P M. Cellular automata models of traffic flow along a highway containing a junction[J]. Journal of Physics A, 1996, 29(12): 3119.

[32] Peng Y, Shang H Y, Lu H P. Analysis of phase transition in traffic flow based on a new model of driving decision[J]. Communications in Theoretical Physics, 2011, 56(1): 177-183.

[33] Zhao X, Gao Z, Jia B. The capacity drop caused by the combined effect of the intersection and the bus stop in a CA model[J]. Physica A, 2007, 385(2): 645-658.

[34] Brockfeld E, Barlovic R, Schadschneider A, et al. Optimizing traffic lights in a cellular automaton model for city traffic[J]. Physical Review E, 2001, 64(5): 56132.

[35] Fouladvand M E, Sadjadi Z, Shaebani M R. Characteristics of vehicular traffic flow at a roundabout[J]. Physical Review E, 2004, 70(4): 46132.

[36] Wang R, Ruskin H J. Modelling traffic flow at multi-lane urban roundabouts[J]. International Journal of Modern Physics C, 2006, 17(5): 693-710.

第6章 混合交通流摩擦效应研究

6.1 概 述

交通问题日益严重，许多学者建立交通流模型来研究各种复杂的交通现象[1-13]，但这些模型不能用来描述混合交通流。后来，一些学者提出混合车流模型[14-28]。这些模型很少全面考虑机动车流、自行车流和行人流多种交通流混合情形，因此很少明确探讨它们之间的相互作用。

自行车的运行规则远比机动车流复杂，运行轨迹往往是 S 形，所以跟车模型不能直接用于研究自行车流。但是，自行车是发展中国家最常见的交通出行方式，很容易对机动车出行产生负面影响，因此吸引了许多学者提出新的方式刻画自行车流。例如，Wang 等[29]建立了一种转换因子模型，结合一些观测数据，探讨自行车流的动力学特性，但是没有考虑机动车流和行人流，因此不能用于刻画混合交通流。

行人比机动车和自行车的运行轨迹更为复杂。机动车和自行车运动的时候只是一个方向(即 x 方向)，但行人往往有两个运动方向(即 x 方向和 y 方向)。车站、商场、斑马线等公共场所是行人聚集的地方，会产生许多复杂的交通现象，因此吸引了众多学者研究行人交通行为。例如，Hughes[30]建立关于行人的一阶宏观模型，Xia 等[31]进一步讨论模型的算法，Huang 等[32]对这些工作进行扩展，提出更有效的算法。除了一阶模型，Xia 等[33]考虑行人记忆效应，建立了一个行人交通流连续模型，并取得一些重要成果。上述宏观模型可以描述行人流的一些特性，但不能再现行人流微观特性。Robin 等[34]建立了一个行人流的微观模型，并对模型进行估计和验证。Helbing 等[35,36]提出社会力模型，可以描述一些行人流交通现象，包括堵塞引发的骚乱、缺乏耐心导致的"快即是慢"效应和扎堆行为。

此外，CA 模型还被广泛用于刻画行人交通流[37-42]。由于没有考虑机动车和自行车，CA 模型对机动车、自行车、行人同时存在的复杂交通系统并不适用。Tang 等[43,44]的车辆跟驰模型可以研究机动车流遭到行人干扰时的交通中断现象，但没有考虑自行车和行人交通出行方式，也不能刻画机动车、自行车、行人混合交通流的相互干扰。

我国机动车、自行车和行人在道路上往往混合在一起，势必产生摩擦效应。本章在考虑自行车流和行人流摩擦干扰的基础上，建立三种个体跟驰模型，应用微观变量和宏观变量之间的关系，得到基于自行车流和行人流摩擦效应的混合交通流动力学模型。理论分析和数值计算结果表明,模型可以定性地描述混合交通流的一些现象,即自行车流的干扰会减少机动车流的流量和速度,行人流的干扰会减少自行车流的流量和速度,但减少量与自行车流(行人流)的密度有关。

6.2 模 型

6.2.1 个体跟驰模型

单车道跟车模型通常可以写成如下形式,即

$$\frac{\mathrm{d}^2 x_n}{\mathrm{d} t^2} = f(v_n, \Delta x_n, \Delta v_n) \tag{6.1}$$

其中,x_n 和 v_n 为第 n 辆车的位置和速度;$f(\cdot)$ 为刺激函数,是车头距 $\Delta x_n = x_{n+1} - x_n$、相对速度 $\Delta v_n = v_{n+1} - v_n$ 和速度 v_n 的函数。

为进一步研究交通流问题,有人在式(6.1)的基础上考虑多个车头距,提出一些扩展的最优速度(optimal velocity, OV)模型[29-42],即

$$\frac{\mathrm{d}^2 x_n}{\mathrm{d} t^2} = f(v_n, \Delta x_n, \Delta x_{n+1}, \cdots, \Delta x_{n+m}, \Delta v_n) \tag{6.2}$$

其中,$\Delta x_{n+i} = x_{n+i+1} - x_{n+i}, i = 0,1,\cdots,m$。

Zhao 和 Gao[10]利用全速度差(full velocity difference, FVD)模型刻画交通流时,发现该模型在特定条件下会出现撞车,于是提出如下跟车模型,即

$$\frac{\mathrm{d}^2 x_n}{\mathrm{d} t^2} = f(v_n, \Delta x_n, \Delta v_n, \mathrm{d}^2 x_{n+1}/\mathrm{d} t^2) \tag{6.3}$$

为进一步提高车流稳定性,Wang 等[11]提出如下多速度差模型,即

$$\frac{\mathrm{d}^2 x_n}{\mathrm{d} t^2} = f(v_n, \Delta x_n, \Delta v_n, \Delta v_{n+1}, \cdots, \Delta v_{n+k}) \tag{6.4}$$

其中,$\Delta v_{n+i} = v_{n+i+1} - v_{n+i}, i = 0,1,\cdots,k$。

上述模型可以再现一些复杂的交通现象,但没有考虑自行车和行人的交通行为模式。Wang 等[11]建立了自行车流的转换因子模型,即

$$y + m_1 x = b_1 \tag{6.5}$$

其中,x 为自行车流量;y 为汽车流量;m_1 为机动车流转换为等价自行车流的转换因子;b_1 为机动车和自行车一起通过交织区时的总流量。

通过自行车流的转换因子,b_1 单位可转换为标准车当量数(passenger car unit, PCU)。行人流一阶宏观模型可简化为

$$\rho_t + (\rho u)_x + (\rho v)_y = 0 \tag{6.6}$$

其中,ρ 为行人密度;u 为 x 方向的速度;v 为 y 方向的速度。

一个重要的行人流微观模型是社会力模型，即

$$m_i \frac{\mathrm{d}v_i}{\mathrm{d}t} = m_i \frac{v_i^0(t)e_i^0(t) - v_i(t)}{\tau_i} + \sum f_{ij} + \sum f_{iW} \tag{6.7}$$

其中，m_i、v_i、$v_i^0(t)$、$e_i^0(t)$ 和 τ_i 分别是质量、速度、理想速度、速度方向和第 i 个行人的反应时间；f_{ij} 为第 i 个行人和第 j 个行人之间相互作用力；f_{iW} 为第 i 个行人和墙壁之间相互作用力，W 为墙壁。

文献[29]~[42]可以描述自行车流和行人流的一些复杂交通现象，但不能完全再现机动车流、自行车流和行人流之间的相互作用。自行车和行人的并肩行驶或者随意超越现象都十分常见，运行规则远比机动车复杂。机动车的运行轨迹呈线形，自行车呈 S 形轨迹，而行人的轨迹则是不规则的。在中国，大多数城市道路都划分了机动车道、自行车道和行人道，但自行车经常行驶到机动车道上，行人经常到自行车道上行走。这样，自行车难免会影响机动车流，而行人会影响自行车流。机动车流、自行车流和行人流的相互影响有多种形式。本章考虑自行车流和行人流的摩擦效应。图 6.1 展示了机动车流、自行车流和行人流共存的混合交通系统中个体跟驰示意图。考虑一个机动车道、一个自行车道和一个行人道的混合交通系统，自行车流只影响临近机动车道上机动车的运行，行人流只影响临近自行车道上自行车的运行，但机动车流、自行车流和行人流的作用是相互的。也就是说，机动车流反过来也会影响到自行车流，自行车流也会影响到行人流。简便起见，进行如下假设。

① 机动车流不会影响自行车流，自行车流不会影响行人流。
② 机动车、自行车和行人只能在自己的车道上运行。
③ 机动车流、自行车流、行人流都是同质的。

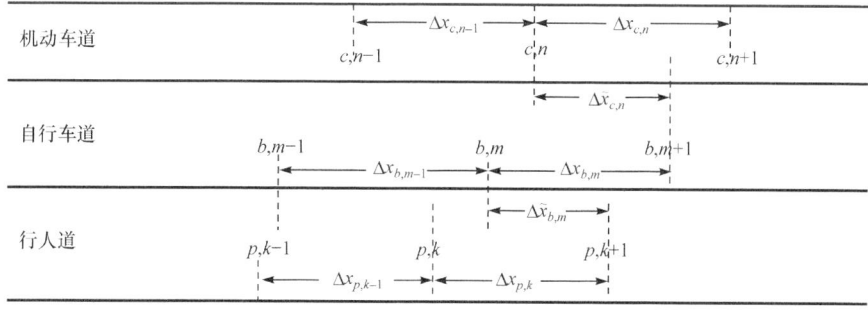

图 6.1 混合交通系统个体跟驰示意图

由此可以得到三种个体跟驰模型。机动车跟驰模型为

$$\frac{\mathrm{d}v_{c,n}}{\mathrm{d}t} = \alpha_c \left(V^c \left(\Delta x_{c,n}, \Delta \tilde{x}_{c,n} \right) - v_{c,n} \right) + \lambda_c \Delta v_{c,n} + \delta_{b,m}^{c,n} f \left(\Delta \tilde{v}_{c,n} \right) \tag{6.8}$$

其中，下标 c、b 和 k 为机动车流、自行车流和行人流；$v_{c,n}$ 为机动车 n 的速度；$\Delta x_{c,n} = x_{c,n+1} - x_{c,n}$ 为机动车 n 的车头距；$\Delta v_{c,n} = v_{c,n+1} - v_{c,n}$ 为机动车 n 与 $n+1$ 的相对车速；$\Delta \tilde{x}_{c,n} = x_{b,m+1} - x_{c,n}$ 为机动车 n 和自行车 $m+1$ 之间的纵向距离；$V^c(\Delta x_{c,n}, \Delta \tilde{x}_{c,n})$ 为机动车 n 的最优速度；α_c、λ_c 为反应系数；$\delta_{b,m}^{c,n}$ 为摩擦系数；$f(\Delta \tilde{v}_{c,n})$ 为自行车 $m+1$ 对机动车 n 的摩擦干扰。

式(6.8)右边三项表示机动车 n 的期望项、调整项和摩擦干扰项。

自行车跟驰模型为

$$\frac{dv_{b,m}}{dt} = \alpha_b \left(V^b(\Delta x_{b,m}, \Delta \tilde{x}_{b,m}) - v_{b,m} \right) + \lambda_b \Delta v_{b,m} + \delta_{p,k}^{b,m} g(\Delta \tilde{v}_{b,m}) \tag{6.9}$$

其中，$v_{b,m}$、$\Delta x_{b,m} = x_{b,m+1} - x_{b,m}$、$\Delta v_{b,m} = v_{b,m+1} - v_{b,m}$ 为自行车 m 的速度、车头距、与自行车 $m+1$ 的相对车速；$\Delta \tilde{x}_{b,m} = x_{p,k+1} - x_{b,m}$ 为自行车 $m+1$ 和行人 $k+1$ 之间的纵向距离；$V^b(\Delta x_{b,m}, \Delta \tilde{x}_{b,m})$ 为自行车 m 的最优速度；α_b、λ_b 为反应系数；$\delta_{p,k}^{b,m}$ 为摩擦系数；$g(\Delta \tilde{v}_{b,m})$ 为行人 $k+1$ 对自行车 m 的摩擦干扰。

同理，式(6.9)右边三项表示自行车 m 的期望项、调整项和摩擦干扰项。

行人跟驰模型为

$$\frac{dv_{p,k}}{dt} = \alpha_p \left(V^p(\Delta x_{p,k}) - v_{p,k} \right) + \lambda_p \Delta v_{p,k} \tag{6.10}$$

式中，$v_{p,k}$、$\Delta x_{p,k} = x_{p,k+1} - x_{p,k}$、$\Delta v_{p,k} = v_{p,k+1} - v_{p,k}$ 为行人 k 的速度、车头距、与行人 $k+1$ 的相对车速；α_p、λ_p 为反应系数；$V^p(\Delta x_{p,k})$ 为行人 k 的最优速度。

式(6.10)右边两项表示行人 k 的期望项和调整项。

$f(\Delta \tilde{v}_{c,n})$、$g(\Delta \tilde{v}_{b,m})$、$\delta_{b,m}^{c,n}, \delta_{p,k}^{b,m}$ 十分复杂，可以简便定义为

$$f(\Delta \tilde{v}_{c,n}) = \lambda_{c,b} \Delta \tilde{v}_{c,n} \tag{6.11}$$

$$g(\Delta \tilde{v}_{b,m}) = \lambda_{b,p} \Delta \tilde{v}_{b,m} \tag{6.12}$$

$$\delta_{b,m}^{c,n} = \begin{cases} 1, & 0 < \Delta \tilde{x}_{c,n} < \Delta x_{c,n} \\ 0, & \text{其他} \end{cases} \tag{6.13}$$

$$\delta_{p,k}^{b,m} = \begin{cases} 1, & 0 < \Delta \tilde{x}_{b,m} < \Delta x_{b,m} \\ 0, & \text{其他} \end{cases} \tag{6.14}$$

其中，$\lambda_{c,b}$ 和 $\lambda_{b,p}$ 分别为相对速度 $\Delta \tilde{v}_{c,n} = v_{b,m+1} - v_{c,n}$ 和 $\Delta \tilde{v}_{b,m} = v_{p,k+1} - v_{b,m}$ 的系数。

6.2.2 动力学模型

推导动力学模型前，首先探讨在考虑自行车(行人)的摩擦效应时，机动车 n(自行车 m)的有效车头距。不考虑摩擦效应时，机动车 n 和自行车 m 的有效车头距分

别为 $\Delta x_{c,n}$ 和 $\Delta x_{b,m}$；考虑摩擦效应时，有效车头距可表示为纵向距离 $\Delta \tilde{x}_{c,n}$ 和 $\Delta \tilde{x}_{b,m}$，因此最优速度 $V^c(\Delta x_{c,n}, \Delta \tilde{x}_{c,n})$ 和 $V^b(\Delta x_{b,m}, \Delta \tilde{x}_{b,m})$ 可以分别改写为 $V^c(\Delta \tilde{x}_{c,n})$ 和 $V^b(\Delta \tilde{x}_{b,m})$。这表明，机动车最优速度由机动车道和自行车道的交通环境共同决定。同理，自行车最优速度由自行车道和人行道的交通环境共同决定。也就是说，当式(3.8)~式(3.10)中微观变量转化为宏观变量后，机动车流的均衡速度将由机动车密度 ρ_c 和自行车密度 ρ_b 共同决定，自行车流的均衡速度由自行车密度 ρ_b 和行人密度 ρ_p 共同决定。因此，根据微观变量和宏观变量之间的关系，可以得到下列宏观变量[45]，即

$$v_{c,n} \to v_c(x,t), \quad v_{c,n+1} \to v_c(x+\Delta_c, t), \quad V^c(\Delta \tilde{x}_{c,n}) \to v_{ce}(\rho_c, \rho_b)$$
$$\alpha_c \to \frac{1}{T_c}, \quad \lambda_c \to \frac{1}{\tau_c}, \quad \lambda_{c,b} \to \frac{1}{\tau_{c,b}}, \quad \delta^{c,n}_{b,m} \to \delta_{b,c} \tag{6.15}$$

$$v_{b,m} \to v_b(x,t), \quad v_{b,m+1} \to v_b(x+\Delta_b, t), \quad V^b(\Delta \tilde{x}_{b,m}) \to v_{be}(\rho_b, \rho_p),$$
$$\alpha_b \to \frac{1}{T_b}, \quad \lambda_b \to \frac{1}{\tau_b}, \quad \lambda_{b,p} \to \frac{1}{\tau_{b,p}}, \quad \delta^{b,m}_{p,k} \to \delta_{p,b} \tag{6.16}$$

$$v_{p,k} \to v_p(x,t), \quad v_{p,k+1} \to v_p(x+\Delta_p, t), \quad V^p(\Delta x_{p,k}) \to v_{pe}(\rho_p),$$
$$\alpha_p \to \frac{1}{T_p}, \quad \lambda_p \to \frac{1}{\tau_p} \tag{6.17}$$

其中，ρ_c 和 v_c、ρ_b 和 v_b、ρ_p 和 v_p 为机动车车流、自行车车流、行人流的密度和速度；$v_{ce}(\rho_c, \rho_b)$、$v_{be}(\rho_b, \rho_p)$、$v_{pe}(\rho_p)$ 为均衡速度；T_c、T_b、T_p 为反应时间；τ_c、τ_b、τ_p 为扰动后向传播距离；Δ_c、Δ_b、Δ_p 为需要的时间；$\delta_{b,c}$、$\delta_{p,b}$ 为摩擦系数；$\tau_{c,b}$ 为自行车流在机动车道后向传播距离 Δ_b 所需时间；$\tau_{b,p}$ 为行人流在自行车道后向传播距离 Δ_p 所需时间。

$v_{ce}(\rho_c, \rho_b)$、$v_{be}(\rho_b, \rho_p)$、$v_{pe}(\rho_p)$ 必须满足以下条件。

① $\dfrac{\partial v_{ce}}{\partial \rho_c} < 0, \dfrac{\partial v_{ce}}{\partial \rho_b} < 0, \dfrac{\partial v_{be}}{\partial \rho_b} < 0, \dfrac{\partial v_{be}}{\partial \rho_p} < 0, \dfrac{\mathrm{d} v_{pe}}{\mathrm{d} \rho_p} < 0$。

② $\dfrac{\partial^2 \rho_c v_{ce}(\rho_c, \rho_b)}{\partial \rho_c^2} < 0, \dfrac{\partial^2 \rho_b v_{be}(\rho_b, \rho_p)}{\partial \rho_b^2} < 0, \dfrac{\mathrm{d}^2 \rho_p v_{pe}(\rho_p)}{\mathrm{d} \rho_p^2} < 0$。

将式(6.15)~式(6.17)代入式(6.8)~式(6.10)，进行泰勒级数展开并忽略非线性项，可以得到下式，即

$$\frac{\partial v_c}{\partial t} + (v_c - c_{c0})\frac{\partial v_c}{\partial x} = \frac{v_{ce}(\rho_c, \rho_b) - v_c}{T_c} + \delta_{b,c} c_{c,b} \frac{\partial v_b}{\partial x} + \delta_{b,c} \frac{v_b(x,t) - v_c(x,t)}{\tau_{c,b}} \tag{6.18}$$

$$\frac{\partial v_b}{\partial t}+\left(v_b-c_{b0}\right)\frac{\partial v_b}{\partial x}=\frac{v_{be}\left(\rho_b,\rho_p\right)-v_b}{T_b}+\delta_{p,b}c_{b,p}\frac{\partial v_p}{\partial x}+\delta_{p,b}\frac{v_p(x,t)-v_b(x,t)}{\tau_{b,p}} \quad (6.19)$$

$$\frac{\partial v_p}{\partial t}+\left(v_p-c_{p0}\right)\frac{\partial v_p}{\partial t}=\frac{v_{pe}\left(\rho_p\right)-v_p}{T_p} \quad (6.20)$$

式中，$c_{c0}=\frac{\Delta_c}{\tau_c}$、$c_{b0}=\frac{\Delta_b}{\tau_b}$、$c_{p0}=\frac{\Delta_p}{\tau_p}$ 为机动车流、自行车流、行人流中小扰动的传播速度；$c_{c,b}=\frac{\Delta_b}{\tau_{c,b}}$ 为自行车流小扰动传播到行车道的传播速度，$c_{b,p}=\frac{\Delta_p}{\tau_{b,p}}$ 为行人流小扰动传播到自行车道的传播速度。

总体来说，$c_{c0}\geqslant c_{c,b},c_{b0}\geqslant c_{b,p}$。

因为文献[30]～[32]考虑行人的横向运动，式(6.6)表明，行人流守恒方程是一个二维模型。但是，本章假设机动车、自行车和行人只能在各自道路上运行，即忽略行人的横向运动，因此行人流守恒方程可以简化为一维模型。将机动车流守恒方程、自行车流守恒方程和行人流守恒方程组合，我们可以得到机动车、自行车和行人混合交通流动力学模型，即

$$\begin{cases}\dfrac{\partial \rho_c}{\partial t}+\dfrac{\partial(\rho_c v_c)}{\partial t}=0\\ \dfrac{\partial v_c}{\partial t}+\left(v_c-c_{c0}\right)\dfrac{\partial v_c}{\partial x}=\dfrac{v_{ce}\left(\rho_c,\rho_b\right)-v_c}{T_c}+\delta_{b,c}c_{c,b}\dfrac{\partial v_b}{\partial x}+\delta_{b,c}\dfrac{v_b(x,t)-v_c(x,t)}{\tau_{c,b}}\end{cases} \quad (6.21)$$

$$\begin{cases}\dfrac{\partial \rho_b}{\partial t}+\dfrac{\partial(\rho_b v_b)}{\partial x}=0\\ \dfrac{\partial v_b}{\partial t}+\left(v_b-c_{b0}\right)\dfrac{\partial v_b}{\partial x}=\dfrac{v_{be}\left(\rho_b,\rho_p\right)-v_b}{T_b}+\delta_{p,b}c_{b,p}\dfrac{\partial v_p}{\partial x}+\delta_{p,b}\dfrac{v_p(x,t)-v_b(x,t)}{\tau_{b,p}}\end{cases} \quad (6.22)$$

$$\begin{cases}\dfrac{\partial \rho_p}{\partial t}+\dfrac{\partial(\rho_p v_p)}{\partial x}=0\\ \dfrac{\partial v_p}{\partial t}+\left(v_p-c_{p0}\right)\dfrac{\partial v_p}{\partial t}=\dfrac{v_{pe}\left(\rho_p\right)-v_p}{T_p}\end{cases} \quad (6.23)$$

其中，摩擦系数可以定义为

$$\delta_{b,c}=\begin{cases}1,&\rho_b>\rho_c\\0,&\text{其他}\end{cases} \quad (6.24)$$

$$\delta_{p,b}=\begin{cases}1,&\rho_p>\rho_b\\0,&\text{其他}\end{cases} \quad (6.25)$$

6.3 均衡解分析

在 6.2 节的模型中,机动车、自行车和行人的速度都偏离了均衡速度,因此可以重现混合交通系统中一些复杂的非均衡交通现象。由于摩擦效应对机动车流、自行车流和人流的非平衡特性产生的影响不同,本章暂不研究混合交通流的非均衡特性。简便起见,本章仅探讨摩擦效应对式(6.21)~式(6.23)均衡解的影响。令 ρ_{c0}、ρ_{b0}、ρ_{p0}、v_{c0}、v_{b0}、v_{p0} 表示均衡解,代入式(6.21)~式(6.23),可得下式,即

$$\frac{v_{ce}(\rho_{c0},\rho_{b0})-v_{c0}}{T_c}+\delta_{b,c}\frac{1}{\tau_{c,b}}(v_{b0}-v_{c0})=0 \tag{6.26}$$

$$\frac{v_{be}(\rho_{b0},\rho_{p0})-v_{b0}}{T_b}+\delta_{p,b}\frac{1}{\tau_{b,p}}(v_{p0}-v_{b0})=0 \tag{6.27}$$

$$\frac{v_{pe}(\rho_{p0})-v_{p0}}{T_p}=0 \tag{6.28}$$

由式(6.28)得到的均衡解为

$$v_{p0}=v_{pe}(\rho_{p0}) \tag{6.29}$$

由式(6.27)~式(6.29)得到的均衡解为

$$v_{b0}=\begin{cases}\dfrac{\tau_{p,b}v_{be}(\rho_{b0},\rho_{p0})+T_bv_{pe}(\rho_{p0})}{\tau_{p,b}+T_b},&\delta_{p,b}=1\\v_{be}(\rho_{b0},\rho_{p0}),&\delta_{p,b}=0\end{cases} \tag{6.30}$$

由式(6.26)~式(6.30)得到的均衡解为

$$v_{c0}=\begin{cases}\dfrac{\tau_{c,b}v_{ce}(\rho_{c0},\rho_{b0})+T_cv_{b0}}{\tau_{c,b}+T_c},&\delta_{b,c}=1\\v_{ce}(\rho_{c0},\rho_{b0}),&\delta_{b,c}=0\end{cases}$$

$$=\begin{cases}\dfrac{\tau_{c,b}v_{ce}(\rho_{c0},\rho_{b0})+T_c\dfrac{\tau_{p,b}v_{be}(\rho_{b0},\rho_{p0})+T_bv_{pe}(\rho_{p0})}{\tau_{p,b}+T_b}}{\tau_{c,b}+T_c},&\delta_{b,c}=1\ \&\ \delta_{p,b}=1\\\dfrac{\tau_{c,b}v_{ce}(\rho_{c0},\rho_{b0})+T_cv_{b0}}{\tau_{c,b}+T_c},&\delta_{b,c}=1\ \&\ \delta_{p,b}=0\\v_{ce}(\rho_{c0},\rho_{b0}),&\delta_{b,c}=0\end{cases} \tag{6.31}$$

由式(6.29)~式(6.31),容易得到下式,即

$$v_{c0} \leqslant v_{ce}(\rho_{c0}, \rho_{b0}) \tag{6.32}$$

$$v_{b0} \leqslant v_{be}(\rho_{b0}, \rho_{p0}) \tag{6.33}$$

因此，可以得到下面的推论。

推论 1 自行车的摩擦效应将减小机动车的均衡速度和均衡流量，行人的摩擦效应将减小自行车的均衡速度和均衡流量。

证明 为了进一步探讨摩擦效应，首先必须定义均衡速度。考虑摩擦效应，机动车流、自行车流和行人流的均衡速度非常复杂，我们定义机动车流的均衡速度为

$$v_{ce}(\rho_c, \rho_b) = v_{cf}\left(1 - \exp\left(1 - \exp\left(\frac{c_{c,\text{jam}}}{v_{cf}}\left(\frac{\rho_{c,\text{jam}}}{\rho_c + \mu_{b,c}\rho_b} - 1\right)\right)\right)\right) \tag{6.34}$$

其中，$\mu_{b,c}$ 为自行车流对机动车流均衡速度的摩擦效应系数，满足 $1 > \mu_{b,c} > 0$；v_{cf} 为机动车流自由流速度；$\rho_{c,\text{jam}}$ 为机动车流堵塞密度；$c_{c,\text{jam}}$ 为机动车流在堵塞密度下的运动波速度。

定义自行车流的均衡速度为

$$v_{be}(\rho_b, \rho_p) = v_{bf}\left(1 - \exp\left(1 - \exp\left(\frac{c_{b,\text{jam}}}{v_{bf}}\left(\frac{\rho_{b,\text{jam}}}{\rho_b + \mu_{p,b}\rho_p} - 1\right)\right)\right)\right) \tag{6.35}$$

其中，$\mu_{p,b}$ 为行人流对自行车流车流均衡速度的摩擦效应系数，满足 $1 > \mu_{p,b} > 0$；v_{bf} 为自行车流的自由流速度；$\rho_{b,\text{jam}}$ 为自行车流的堵塞密度；$c_{b,\text{jam}}$ 为自行车流在堵塞密度下的运动波速度。

行人流的均衡速度定义为

$$v_{pe}(\rho_p) = v_{pf}\left(1 - \exp\left(1 - \exp\left(\frac{c_{p,\text{jam}}}{v_{pf}}\left(\frac{\rho_{p,\text{jam}}}{\rho_p} - 1\right)\right)\right)\right) \tag{6.36}$$

其中，v_{pf} 为行人流的自由流速度；$\rho_{p,\text{jam}}$ 为行人流的堵塞密度；$c_{p,\text{jam}}$ 为行人流在堵塞密度下的运动波速度。

本章主要研究摩擦效应对个体交通行为的影响，假定只有一个自行车道和一个人行道。结论基于重要假设，自行车流和行人流只能在自己所在的道路上进行一维运动，密度是一维变量。但是，自行车和行人的密度单位往往是两维变量，因此应该界定自行车道和人行道的宽度。简便起见，假定自行车道和人行道宽度分别为 4m 和 2m，自行车流和行人流的密度单位分别为 Veh/m² 和 ped/m²。由于参数值对模拟结果的定性影响不大，因此依据文献[11]进行如下设定，即

$$\begin{aligned} &c_{c0} = c_{c,\text{jam}} = 11\text{m/s}, \quad T_c = 10\text{s}, \quad v_{cf} = 30\text{m/s}, \quad \tau_{c,b} = 20\text{s}, \\ &c_{c,b} = 8\text{m/s}, \quad \rho_{c,\text{jam}} = 0.2\text{Veh/m}, \quad \mu_{b,c} = 0.4 \end{aligned} \tag{6.37}$$

$$c_{b0} = c_{b,\text{jam}} = 2\text{m/s}, \quad T_b = 5\text{s}, \quad v_{bf} = 5\text{m/s}, \quad \tau_{b,p} = 10\text{s},$$
$$\rho_{b,\text{jam}} = 0.1\text{Veh/m}^2, \quad \mu_{p,b} = 0.2, \quad c_{b,p} = 1\text{m/s} \tag{6.38}$$

$$c_{p0} = c_{p,\text{jam}} = 0.2\text{m/s}, \quad T_p = 1\text{s}, \quad v_{pf} = 1\text{m/s}, \quad \rho_{p,\text{jam}} = 1\text{ped/m}^2 \tag{6.39}$$

为方便计算,自行车流和行人流的堵塞密度分别设为等效的一维值 0.4Veh/m ($0.4\text{Veh/m} = 0.1\text{veh/m}^2 \times 4\text{m}$)和 2ped/m($2\text{ped/m} = 1\text{ped/m}^2 \times 2\text{m}$)。利用上述参数,可以得到如图 6.2~图 6.6 所示的定量结果。图 6.2 为行人流基本图和速度图。图 6.3 为行人流摩擦干扰下的 (ρ_b, ρ_p) 相位图。图 6.4 为行人流摩擦干扰对自行车流流量和速度的影响图。图 6.5 为自行车流摩擦干扰下的 (ρ_c, ρ_b) 相位图。图 6.6 为自行车流摩擦干扰对机动车流流量和速度的影响图。具体分析如下。

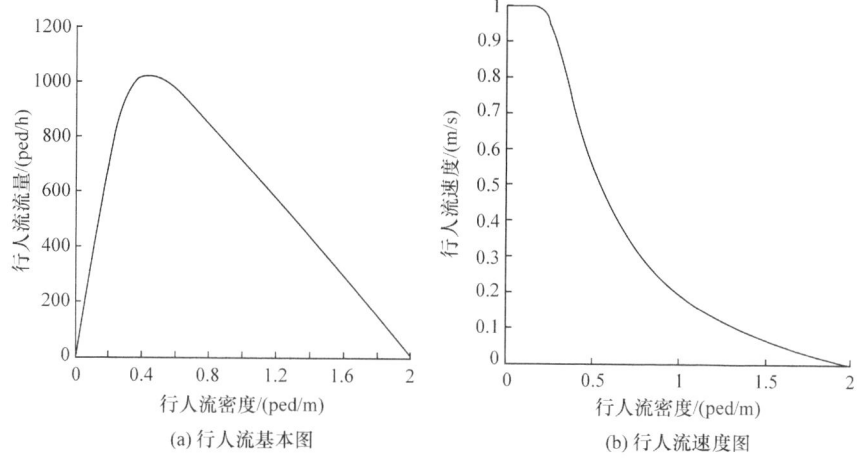

图 6.2 行人流基本图和速度图

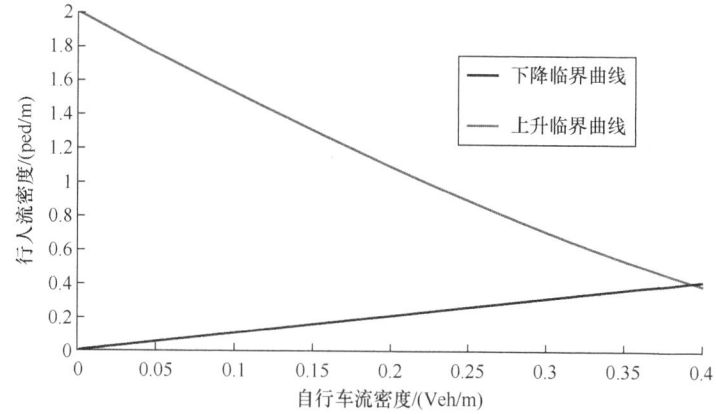

图 6.3 行人流摩擦干扰下的 (ρ_b, ρ_p) 相位图

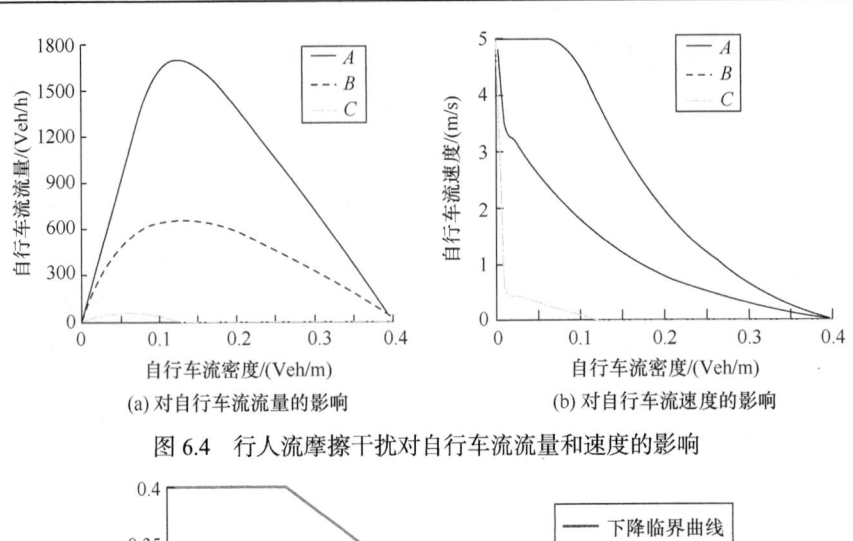

图 6.4 行人流摩擦干扰对自行车流流量和速度的影响

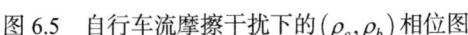

图 6.5 自行车流摩擦干扰下的 (ρ_c, ρ_b) 相位图

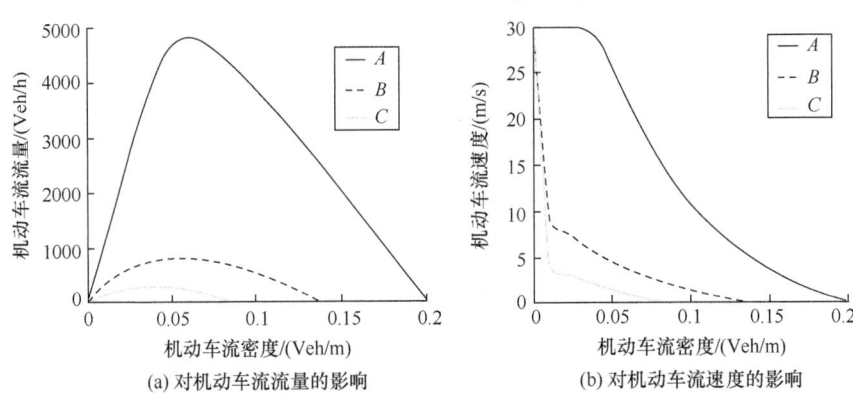

图 6.6 自行车流摩擦干扰对机动车流流量和速度的影响

① 行人流的流量先增加后减小，速度随着密度下降而下降(图 6.2)。与文献[30]~[32]的结果相似，式(6.23)可以再现行人流的一些定性属性。

② 行人流摩擦效应将相位空间(ρ_b, ρ_p)分为 3 个不同区域，即存在一条上升的临界曲线和一条下降的临界曲线。上升的临界曲线表示行人流摩擦干扰下的自行车流堵塞密度(图 6.3)。当(ρ_b, ρ_p)低于下降的临界曲线时，行人流并没有对自行车流产生影响；当(ρ_b, ρ_p)处于两条临界曲线之间时，行人流对自行车流产生摩擦干扰，而且会降低自行车流的流量和速度(图 6.4)。

③ 自行车流的摩擦效应将相位空间(ρ_c, ρ_b)分为 3 个不同区域，即存在一条上升的临界曲线和一条下降的临界曲线。上升的临界曲线表示自行车流摩擦干扰下的机动车流堵塞密度(图 6.5)。当(ρ_c, ρ_b)低于下降的临界曲线时，自行车流不会对机动车流产生影响；当(ρ_c, ρ_b)处于两条临界曲线之间时，自行车流对机动车流产生摩擦干扰，而且会降低机动车流的流量和速度(图 6.6)。

值得指出的是，所有参数和均衡速度均不会对区域划分及基本图形式产生定性的影响，但对每条曲线的数值影响非常大。

从图 6.3~图 6.6，我们可以进一步得到下列结论。

① 自行车流的堵塞密度将随着行人流密度的增加而降低，下降的临界曲线随着行人流密度的增加而上升(图 6.3)。机动车流密度随着自行车流密度的增加而下降，下降的临界曲线随着自行车流密度的增加而上升(图 6.5)。

② 行人流的摩擦干扰会降低自行车流的流量和速度,而且这种减少量将随着行人流密度的增加而加剧(图 6.4)。自行车流的摩擦干扰会降低机动车流的流量和速度,而且减少量将随着自行车流密度的增加而加剧(图 6.6)。这些结果与文献[46]的结果类似，表明本章模型可以合理地描述自行车流和行人流的摩擦效应。

为了进一步研究摩擦干扰的影响，本章还探讨交通流与临界密度、堵塞密度之间的关系。图 6.7 为摩擦干扰时自行车流和机动车流的临界密度。图 6.8 为摩

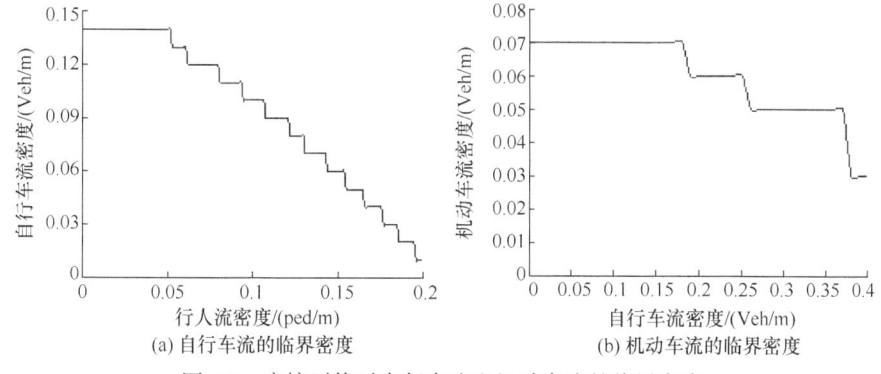

图 6.7　摩擦干扰时自行车流和机动车流的临界密度

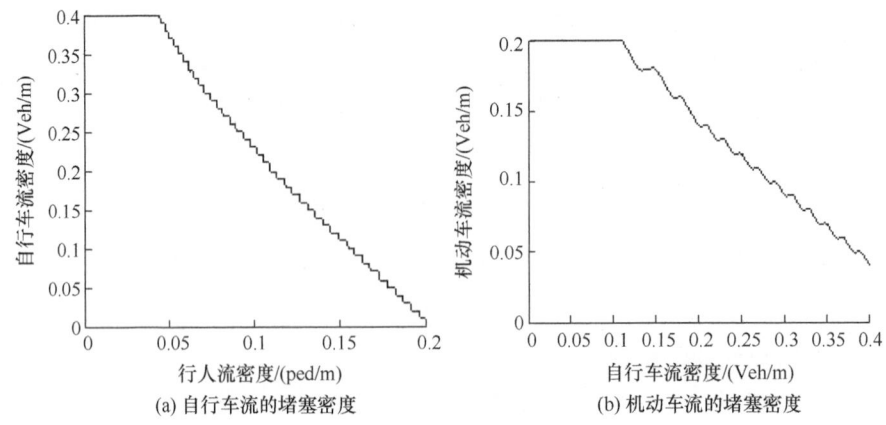

图 6.8 摩擦干扰时自行车流和机动车流的堵塞密度

擦干扰时自行车流和机动车流的堵塞密度图。可以看出，自行车流的临界堵塞密度随着行人流密度的增加而降低，机动车流的临界堵塞密度随着自行车流密度的增加而降低。这表明，摩擦干扰会对交通流产生负面影响。

6.4 本章小结

一些交通流模型可以研究各种复杂的交通现象，但不能全面描述机动车流、自行车流、行人流形成的混合交通流。后来，一些学者建立了自行车流或者行人流的交通流模型，但没有考虑机动车、自行车和行人之间的交通干扰。我们利用宏观变量和微观变量之间的关系，建立了机动车流、自行车流、行人流混合交通流动力学模型。理论分析和数值计算表明，模型可以定性地描述交通流之间摩擦干扰。但是，本章假定模型中的每种交通流(机动车流、自行车流、行人流)都是同质的，并假定三种交通流之间的干扰都是单向的。事实上，干扰应该是相互的，即机动车流会对自行车流的运行造成干扰，自行车流也会对行人流产生影响。为了更好地了解和描述混合交通系统，应该用大量的实验数据来量化相互作用，以及机动车司机、自行车骑车者和行人的个体差异。另外，本章只研究混合交通系统的一些均衡特性。但是，由于机动车流、自行车流和行人流往往会偏离均衡速度，因此混合交通系统中非均衡的现象经常出现。在接下来的工作中，可以考虑混合交通流的各种影响因素，如机动车司机、自行车骑车者和行人的个体差异、多种交通流的互动干扰等，进一步研究混合交通系统的各种复杂现象。

参 考 文 献

[1] Chowdhury D, Santen L, Schadschneider A. Statistical physics of vehicular traffic and some

related systems[J]. Physics Reports, 2000, 329(4-6): 199-329.

[2] Helbing D. Traffic and related self-driven many-particle systems[J]. Reviews of Modern Physics, 2001, 73(4): 1067-1141.

[3] Bando M, Hasebe K, Nakayama A, et al. Dynamical model of traffic congestion and numerical simulation[J]. Physical Review E, 1995, 51(2): 1035-1042.

[4] Helbing D, Tilch B. Generalized force model of traffic dynamics[J]. Physical Review E, 1998, 58(1): 133-138.

[5] Jiang R, Wu Q, Zhu Z. Full velocity difference model for a car-following theory[J]. Physical Review E, 2001, 64(1): 17101.

[6] Yu X. Analysis of the stability and density waves for traffic flow[J]. Chinese Physics, 2002, 11(11): 1128-1134.

[7] Nagatani T. Stabilization and enhancement of traffic flow by the next-nearest-neighbor interaction[J]. Physical Review E, 1999, 60(6): 6395-6401.

[8] Ge H X, Dai S Q, Dong L Y, et al. Stabilization effect of traffic flow in an extended car-following model based on an intelligent transportation system application[J]. Physical Review E, 2004, 70(6): 66134.

[9] Tang T Q, Huang H J, Zhao S G, et al. An extended OV model with consideration of driver's memory[J]. International Journal of Modern Physics B, 2009, 23(5): 743-752.

[10] Zhao X, Gao Z. A new car-following model: full velocity and acceleration difference model[J]. The European Physical Journal B-Condensed Matter and Complex Systems, 2005, 47(1): 145-150.

[11] Wang T, Gao Z Y, Zhao X M. Multiple velocity difference model and its stability analysis[J]. Acta Physica Sinica, 2006, 55(2): 634-640.

[12] Tang T Q, Huang H J, Xue Y. An improved two-lane traffic flow lattice model[J]. Acta Physica Sinica, 2006, 55(8): 4026-4031.

[13] Tang T Q, Huang H J, Xu G, et al. A traffic flow model considering signal light influence and its numerical simulation[J]. Europhysics Letters, 2008, 84(1): 14006.

[14] Wong G C K, Wong S C. A multi-class traffic flow model-an extension of LWR model with heterogeneous drivers[J]. Transportation Research Part A, 2002, 36(9): 827-841.

[15] Gupta A K, Katiyar V K. A new multi-class continuum model for traffic flow[J]. Transportmetrica, 2007, 3(1): 73-85.

[16] Xie D F, Gao Z Y, Zhao X M, et al. Characteristics of mixed traffic flow with non-motorized vehicles and motorized vehicles at an unsignalized intersection[J]. Physica A, 2009, 388(10): 2041-2050.

[17] Yuan Y M, Jiang R, Hu M B, et al. Traffic flow characteristics in a mixed traffic system consisting of ACC vehicles and manual vehicles: A hybrid modelling approach[J]. Physica A, 2009, 388(12): 2483-2491.

[18] Benzoni G S, Colombo R M. An n-populations model for traffic flow[J]. European Journal of Applied Mathematics, 2003, 14(5): 587-612.

[19] Bagnerini P, Rascle M. A multiclass homogenized hyperbolic model of traffic flow[J]. SIAM

Journal on Mathematical Analysis, 2003, 35(4): 949-973.

[20] Lan L W, Chang C W. Inhomogeneous cellular automata modeling for mixed traffic with cars and motorcycles[J]. Journal of Advanced Transportation, 2005, 39(3): 323-349.

[21] Herty M, Kirchner C, Moutari S. Multi-class traffic models on road networks[J]. Communications in Mathematical Sciences, 2006, 4(3): 591-608.

[22] Ngoduy D, Liu R. Multiclass first-order simulation model to explain non-linear traffic phenomena [J]. Physica A, 2007, 385(2): 667-682.

[23] Logghe S, Immers L H. Multi-class kinematic wave theory of traffic flow[J]. Transportation Research Part B, 2008, 42(6): 523-541.

[24] Gundaliya P J, Mathew T V, Dhingra S L. Heterogeneous traffic flow modelling for an arterial using grid based approach[J]. Journal of Advanced Transportation, 2008, 42(4): 467-491.

[25] Mallikarjuna C, Rao K R. Area occupancy characteristics of heterogeneous traffic[J]. Transportmetrica, 2006, 2(3): 223-236.

[26] Mallikarjuna C, Rao K R. Cellular automata model for heterogeneous traffic[J]. Journal of Advanced Transportation, 2009, 43(3): 321-345.

[27] Venkatesan K, Gowri A, Sivanandan R. Development of microscopic simulation model for heterogeneous traffic using object oriented approach[J]. Transportmetrica, 2008, 4(3): 227-247.

[28] Tang T Q, Huang H J, Zhao S G, et al. A new dynamic model for heterogeneous traffic flow[J]. Physics Letters A, 2009, 373(29): 2461-2466.

[29] Wang D, Feng T, Liang C. Research on bicycle conversion factors[J]. Transportation Research Part A, 2008, 42(8): 1129-1139.

[30] Hughes R L. A continuum theory for the flow of pedestrians[J]. Transportation Research Part B, 2002, 36(6): 507-535.

[31] Xia Y, Wong S C, Zhang M, et al. An efficient discontinuous Galerkin method on triangular meshes for a pedestrian flow model[J]. International Journal for Numerical Methods in Engineering, 2008, 76(3): 337-350.

[32] Huang L, Wong S C, Zhang M, et al. Revisiting Hughes' dynamic continuum model for pedestrian flow and the development of an efficient solution algorithm[J]. Transportation Research Part B, 2009, 43(1): 127-141.

[33] Xia Y, Wong S C, Shu C W. Dynamic continuum pedestrian flow model with memory effect[J]. Physical Review E, 2009, 79(6): 66113.

[34] Robin T, Antonini G, Bierlaire M, et al. Specification, estimation and validation of a pedestrian walking behavior model[J]. Transportation Research Part B, 2009, 43(1): 36-56.

[35] Helbing D, Molnar P. Social force model for pedestrian dynamics[J]. Physical Review E, 1995, 51(5): 4282-4286.

[36] Helbing D, Farkas I, Vicsek T. Simulating dynamical features of escape panic[J]. Nature, 2000, 407(6803): 487-490.

[37] Burstedde C, Klauck K, Schadschneider A, et al. Simulation of pedestrian dynamics using a two-dimensional cellular automaton[J]. Physica A, 2001, 295(3-4): 507-525.

[38] Kirchner A, Schadschneider A. Simulation of evacuation processes using a bionics-inspired

cellular automaton model for pedestrian dynamics[J]. Physica A, 2002, 312(1-2): 260-276.

[39] Huang H J, Guo R Y. Static floor field and exit choice for pedestrian evacuation in rooms with internal obstacles and multiple exits[J]. Physical Review E, 2008, 78(2): 21131.

[40] Guo R Y, Huang H J. A mobile lattice gas model for simulating pedestrian evacuation[J]. Physica A, 2008, 387(2-3): 580-586.

[41] Guo R Y, Huang H J. A modified floor field cellular automata model for pedestrian evacuation simulation[J]. Journal of Physics A, 2008, 41(38): 385104.

[42] Blue V J, Adler J L. Cellular automata microsimulation for modeling bi-directional pedestrian walkways[J]. Transportation Research Part B, 2001, 35(3): 293-312.

[43] Tang T Q, Huang H J, Xu G. A new macro model with consideration of the traffic interruption probability[J]. Physica A, 2008, 387(27): 6845-6856.

[44] Tang T Q, Huang H J, Wong S C, et al. A new car-following model with consideration of the traffic interruption probability[J]. Chinese Physics B, 2009, 18(3): 975-983.

[45] Liu G, Lyrintzis A, Michalopoulos P. Improved high-order model for freeway traffic flow[J]. Transportation Research Record, 1998, 1644: 37-46.

[46] Helbing D, Huberman B A. Coherent moving states in highway traffic[J]. Nature, 1998, 396(6713): 738-740.

第7章 混合交通流喇叭效应研究

7.1 概　　述

许多交通模型用来研究复杂的交通现象，并取得了重要的研究成果[1-9]，但是大多没有考虑混合交通流的影响因素，如不同的车辆特性、速度、驾驶员特性等，因此不能直接用来研究不同属性的交通流[10-23]。近年来，一些学者扩展了 LWR 模型，但由于不能对不同类别交通流的均衡速度加以区别，扩展模型不能描述混合交通流的不均衡属性。为了探讨自行车流和行人流的交通行为特征，Wang 等[24]提出转换因子模型，一些学者则提出行人交通流模型[25-38]。总体可分为以下两类。

① 宏观模型。行人流被看作可压缩流体，代表是一阶模型[25-29]。

② 微观模型。微观模型刻画行人的个体行为，典型模型包括领导-跟随者模型[30]、社会力模型[31,32]和 CA 模型[33-38]。

但是，上述模型没有明确考虑机动车流、自行车流和行人流之间的相互作用，不能全面地描述混合交通流。

在我国，机动车流、自行车流和行人流混行在道路的一侧，很容易发生相互干扰。如果自行车(行人)的车头距很小，而前方的机动车道(自行车道)存在足够的空间，自行车(行人)就很可能换到机动车道(自行车道)上。机动车(自行车)为了防止自行车(行人)的换道行为，会采取鸣笛(喇叭)的方式加以警告。事实上，喇叭声可能激发自行车(行人)加速前进。Jia 等[39]研究了两车道系统的喇叭效应，认为可以提高车流量，但没有进一步研究喇叭效应在混合交通系统的作用。本章建立两种个体跟驰模型，考虑机动车流、自行车流和行人流的相互干扰。通过微观变量与宏观变量之间的关系，建立自行车流和行人流的宏观模型。研究发现，喇叭效应可以提高自行车流和行人流的速度和流量。

7.2 模　　型

7.2.1 个体跟驰模型

图 7.1 是考虑机动车流、自行车流和行人流的混合交通系统个体跟驰示意图。自行车(行人)可能存在换道行为，而相应的机动车(自行车)会鸣笛加以警告。当然，预备换道的自行车(行人)对喇叭声会产生一定的反应。简便起见，我们只考虑单

向、非对称的反应,即只考虑机动车(自行车)的鸣笛会对预备换道的自行车(行人)产生一定影响,但不考虑后者的连锁反应。喇叭声往往导致自行车(行人)的加速行为,我们可以得到如下两种个体跟驰模型,即

$$\frac{\mathrm{d}v_{b,m}}{\mathrm{d}t} = \alpha_b \left(V^b \left(\Delta x_{b,m} \right) - v_{b,m} \right) + \lambda_b \Delta v_{b,m} + \sigma_{b,m}^{c,n-1} g \left(\Delta x_{b,m} \right) \tag{7.1}$$

$$\frac{\mathrm{d}v_{p,k}}{\mathrm{d}t} = \alpha_p \left(V^p \left(\Delta x_{p,k} \right) - v_{p,k} \right) + \lambda_p \Delta v_{p,k} + \sigma_{p,k}^{b,m-1} h \left(\Delta x_{p,k} \right) \tag{7.2}$$

其中,个体分别代表自行车和行人,下标分别用 p 和 k 表示;$v_{b,m}$ 和 $\Delta x_{b,m}$、$\Delta v_{b,m}$ 和 $v_{p,k}$、$\Delta x_{p,k}$ 和 $\Delta v_{p,k}$ 为自行车和行人的速度、车头距、相对车速;$V^b(\Delta x_{b,m})$、$V^p(\Delta x_{p,k})$ 为最优速度;α_b、λ_b、α_p、λ_p 为反应系数;$\sigma_{b,m}^{c,n-1}$ 和 $\sigma_{p,k}^{b,m-1}$ 为喇叭效应系数;$g(\Delta x_{b,m})$、$h(\Delta x_{p,k})$ 为喇叭效应函数。

由于 $g(\Delta x_{b,m})$、$h(\Delta x_{p,k})$、$\sigma_{b,m}^{c,n-1}$、$\sigma_{p,k}^{b,m-1}$ 非常复杂,简便起见,定义为

$$g(\Delta x_{b,m}) = \frac{v_{\max}^b - v_{b,m}}{\tau_b'} \tag{7.3}$$

$$h(\Delta x_{p,k}) = \frac{v_{\max}^p - v_{p,k}}{\tau_p'} \tag{7.4}$$

$$\sigma_{b,m}^{c,n-1} = \begin{cases} 1, & 0 < \Delta \tilde{x}_{c,n-1} < \Delta x_{c,n-1} \ \& \ \Delta x_{b,m} \geqslant v_{\max}^b \tau_b' \\ 0, & \text{其他} \end{cases} \tag{7.5}$$

$$\sigma_{p,k}^{b,m-1} = \begin{cases} 1, & 0 < \Delta \tilde{x}_{b,m-1} < \Delta x_{b,m-1} \ \& \ \Delta x_{p,k} \geqslant v_{\max}^p \tau_p' \\ 0, & \text{其他} \end{cases} \tag{7.6}$$

其中,$\tau_b'(\tau_p')$ 为自行车(行人)听到喇叭声后调整其加速度需要的时间;$v_{\max}^b$ 和 $v_{\max}^p$ 为最高速度;$0 < \Delta \tilde{x}_{c,n-1} < \Delta x_{c,n-1}$ 和 $0 < \Delta \tilde{x}_{b,m-1} < \Delta x_{b,m-1}$ 为车头距很短时按喇叭的动机;$\Delta x_{b,m} \geqslant v_{\max}^b \tau_b'$ 和 $\Delta x_{p,k} \geqslant v_{\max}^p \tau_p'$ 为目标车道具有足够空间时按喇叭的安全条件。

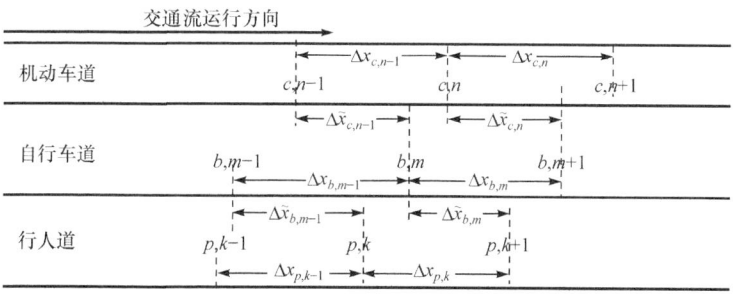

图7.1 机动车流、自行车流和行人流的混合交通系统个体跟驰示意图

7.2.2 宏观模型

我们利用微观变量和宏观变量的关系,将微观变量转换为宏观变量[40],可得下式,即

$$v_{b,m} \to v_b(x,t), \quad v_{b,m+1} \to v_b(x+\Delta_b,t), \quad V^b(\Delta x_{b,m}) \to v_{be}(\rho_b), \quad \alpha_b \to \frac{1}{T_b}, \quad (7.7)$$
$$\lambda_b \to \frac{1}{\tau_b}, \quad v_{\max}^b \to v_{bf}, \quad \sigma_{b,m}^{c,n-1} \to \sigma_{c,b}^{\text{honk}}$$

$$v_{p,k} \to v_p(x,t), \quad v_{p,k+1} \to v_p(x+\Delta_p,t), \quad V^p(\Delta x_{p,k}) \to v_{pe}(\rho_p), \quad \alpha_p \to \frac{1}{T_p}, \quad (7.8)$$
$$\lambda_p \to \frac{1}{\tau_p}, \quad v_{\max}^p \to v_{pf}, \quad \sigma_{p,k}^{b,m-1} \to \sigma_{b,p}^{\text{honk}}$$

其中,ρ_b、v_b 和 ρ_p、v_p 为自行车和行人的密度、速度;T_b 和 T_p 为反应时间;$v_{be}(\rho_b)$ 和 $v_{pe}(\rho_p)$ 为均衡速度;τ_b 和 τ_p 为扰动的向后传播距离为 Δ_b 和 Δ_p 所需的时间;v_{bf} 和 v_{pf} 为自由流速度;$\sigma_{c,b}^{\text{honk}}$ 和 $\sigma_{b,p}^{\text{honk}}$ 为喇叭系数。

将式(7.7)和式(7.8)代入式(7.1)和式(7.2),进行泰勒级数展开,并忽略高阶项,可得下式,即

$$\frac{\partial v_b}{\partial t} + (v_b - c_{b0})\frac{\partial v_b}{\partial x} = \frac{v_{be}(\rho_b, \rho_p) - v_b}{T_b} + \sigma_{c,b}^{\text{honk}} \frac{v_{bf} - v_b}{\tau_b'} \quad (7.9)$$

$$\frac{\partial v_p}{\partial t} + (v_p - c_{p0})\frac{\partial v_p}{\partial t} = \frac{(v_{pe}(\rho_p) - v_p)}{T_p} + \sigma_{b,p}^{\text{honk}} \frac{v_{pf} - v_p}{\tau_p'} \quad (7.10)$$

其中,$c_{b0} = \frac{\Delta_b}{\tau_b}$ 和 $c_{p0} = \frac{\Delta_p}{\tau_p}$ 为自行车和行人小扰动的传播速度。

结合守恒方程,自行车流和行人流的宏观模型分别为

$$\begin{cases} \dfrac{\partial \rho_b}{\partial t} + \dfrac{\partial(\rho_b v_b)}{\partial x} = 0 \\ \dfrac{\partial v_b}{\partial t} + (v_b - c_{b0})\dfrac{\partial v_b}{\partial x} = \dfrac{v_{be}(\rho_b, \rho_p) - v_b}{T_b} + \sigma_{c,b}^{\text{honk}} \dfrac{v_{bf} - v_b}{\tau_b'} \end{cases} \quad (7.11)$$

$$\begin{cases} \dfrac{\partial \rho_p}{\partial t} + \dfrac{\partial(\rho_p v_p)}{\partial x} = 0 \\ \dfrac{\partial v_p}{\partial t} + (v_p - c_{p0})\dfrac{\partial v_p}{\partial t} = \dfrac{(v_{pe}(\rho_p) - v_p)}{T_p} + \sigma_{b,p}^{\text{honk}} \dfrac{v_{pf} - v_p}{\tau_p'} \end{cases} \quad (7.12)$$

其中，喇叭系数定义为

$$\sigma_{c,b}^{\text{honk}} = \begin{cases} 1, & \rho_b > \rho_c \ \& \ \dfrac{1}{\rho_b} \geqslant v_{bf}\tau_b' \\ 0, & \text{其他} \end{cases} \quad (7.13)$$

$$\sigma_{b,p}^{\text{honk}} = \begin{cases} 1, & \rho_p > \rho_b \ \& \ \dfrac{1}{\rho_V} \geqslant v_{pf}\tau_p' \\ 0, & \text{其他} \end{cases} \quad (7.14)$$

7.3 均衡解分析

本节研究宏观模型的均衡解。令 $\rho_{b0}, \rho_{p0}, v_{b0}, v_{p0}$ 为式(7.11)和式(7.12)的均衡解，代入式(7.11)和式(7.12)，可得下式，即

$$\frac{v_{be}(\rho_{b0}, \rho_{p0}) - v_{b0}}{T_b} + \sigma_{c,b}^{\text{honk}} \frac{v_{bf} - v_{b0}}{\tau_b'} = 0 \quad (7.15)$$

$$\frac{v_{pe}(\rho_{p0}) - v_{p0}}{T_p} + \sigma_{b,p}^{\text{honk}} \frac{v_{pf} - v_{p0}}{\tau_p'} = 0 \quad (7.16)$$

得到的均衡解为

$$v_{b0} = \begin{cases} \dfrac{\tau_b' v_{be}(\rho_{b0}) + T_b v_{bf}}{\tau_b' + T_b}, & \sigma_{c,b}^{\text{honk}} = 1 \\ v_{be}(\rho_{b0}), & \sigma_{c,b}^{\text{honk}} = 0 \end{cases} \quad (7.17)$$

$$v_{p0} = \begin{cases} \dfrac{\tau_p' v_{pe}(\rho_{p0}) + T_p v_{pf}}{\tau_p' + T_p}, & \sigma_{b,p}^{\text{honk}} = 1 \\ v_{pe}(\rho_{p0}), & \sigma_{b,p}^{\text{honk}} = 0 \end{cases} \quad (7.18)$$

我们采用以下均衡速度[41]，即

$$v_{be}(\rho_b) = v_{bf}\left(1 - \exp\left(1 - \exp\left(\frac{c_{b,\text{jam}}}{v_{bf}}\left(\frac{\rho_{b,\text{jam}}}{\rho_b} - 1\right)\right)\right)\right) \quad (7.19)$$

$$v_{pe}(\rho_p) = v_{pf}\left(1 - \exp\left(1 - \exp\left(\frac{c_{p,\text{jam}}}{v_{pf}}\left(\frac{\rho_{p,\text{jam}}}{\rho_p} - 1\right)\right)\right)\right) \quad (7.20)$$

其中，$\rho_{b,\text{jam}}$ 和 $\rho_{p,\text{jam}}$ 为自行车流和行人流的堵塞密度；$c_{b,\text{jam}}$ 和 $c_{p,\text{jam}}$ 为堵塞密度下的运动波速；其他参数设置为

$$c_{b0} = c_{b,\text{jam}} = 2\text{m/s}, \quad T_b = 5\text{s}, \quad v_{bf} = 5\text{m/s}, \quad \rho_{b,\text{jam}} = 0.4\text{Veh/m}, \quad \tau_b' = 1\text{s} \tag{7.21}$$

$$c_{p0} = c_{p,\text{jam}} = 0.2\text{m/s}, \quad T_p = 1\text{s}, \quad v_{pf} = 1\text{m/s}, \quad \rho_{p,\text{jam}} = 2\text{ped/m}, \quad \tau_p' = 2\text{s} \tag{7.22}$$

值得指出的是，所有参数值对定性结果的影响不大。事实上，自行车和行人经常在自己的道上并肩运行，表明密度单位应该是二维变量。由于假定无论自行车还是行人，都不会并肩运行，即自行车和行人都只有一个道，因此不必界定自行车道和行人通道的宽度。设定自行车流密度和行人流密度的单位分别为 Veh/m 和 ped/m。

我们使用上述参数和平衡速度，可以得到一些重要的数值结果。图 7.2 为考虑喇叭效应时自行车流-行人流相位图和机动车流-自行车流相位图。图 7.3 为行人流流量和速度，其中考虑喇叭效应且自行车流密度为 0.01Veh/m。图 7.4 为自行车流流量和速度，其中考虑喇叭效应且机动车流密度为 0.01Veh/m。图 7.5 行人流流量和速度，探讨有无自行车喇叭效应对下降临界曲线的影响。图 7.6 为自行车流流量和速度，探讨有无机动车喇叭效应对上升临界曲线的影响。由图 7.2～图 7.6 可以得到如下结论。

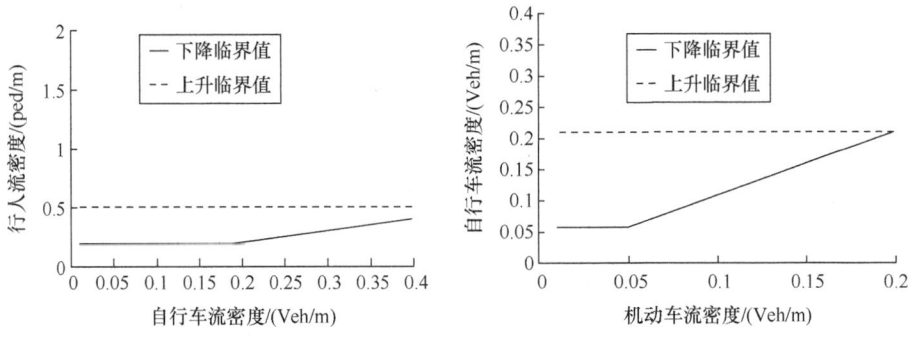

图 7.2 考虑喇叭效应时自行车流-行人流相位图和机动车流-自行车流相位图

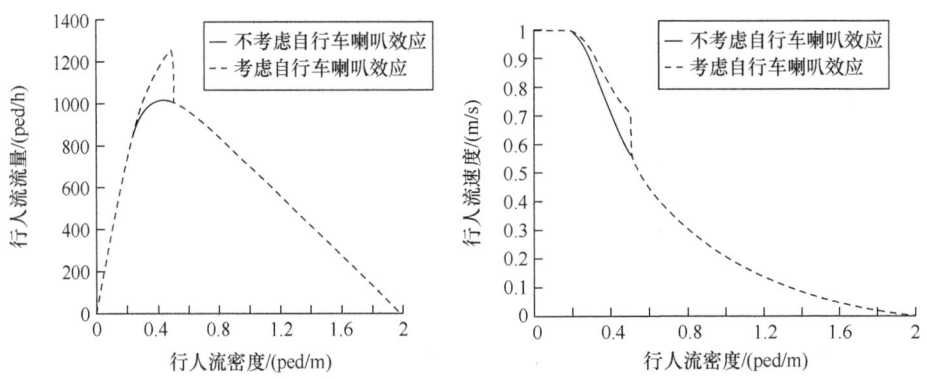

图 7.3 行人流流量和速度

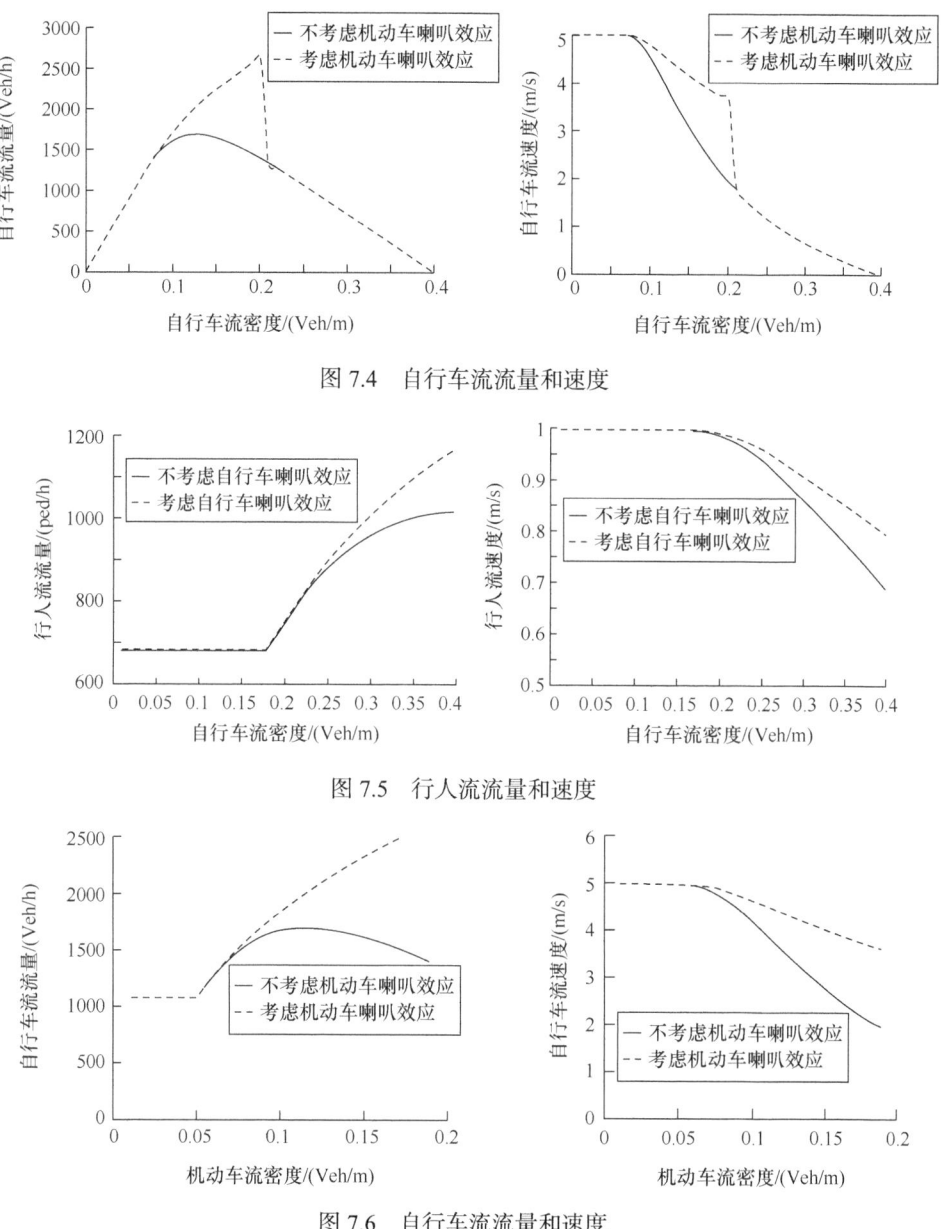

图 7.4 自行车流流量和速度

图 7.5 行人流流量和速度

图 7.6 自行车流流量和速度

① 喇叭效应将自行车流-行人流、机动车流-自行车流的相位空间分为 3 个区域,即存在一条上升的临界曲线和一条下降的临界曲线(图 7.2)。当行人流(自行车流)密度在上升的临界曲线上方或在下降的临界曲线下方时,不会产生喇叭效应;当行人流(自行车流)密度在两条临界曲线之间时,喇叭效应使速度和流量均提高,但由于速度和流量只由自身密度决定,因此增长量与自行车流(机动车流)密度没

有关系。上升的临界曲线由喇叭效应的安全条件决定，而与自行车流(机动车流)无关。下降的临界曲线由喇叭效应的动机决定。当自行车流(机动车流)密度高于临界值时，曲线随着自行车流(机动车流)密度的增加而增加；当自行车流(机动车流)密度低于临界值时，曲线值是常数。

② 喇叭效应可以提高行人流和自行车流的速度和流量，扩大自由流区域(图 7.3 和图 7.4)。

③ 喇叭效应提高自行车流和行人流的流量和速度(图 7.5 和图 7.6)，当 $\rho_b \leqslant 0.16$ ($\rho_c \leqslant 0.05$)时，提高并不明显，但当 $\rho_b > 0.16$ ($\rho_c > 0.05$)时，就变得显著。此外，随着自行车流(机动车流)密度的增加，提高量变得更为显著。

需要说明的是，机动车和自行车可能同时按喇叭，拟换道的自行车和行人相应的会有不同反应，喇叭效应过于复杂。因此，本章没有采用二维图来组合考虑。

7.4 本章小结

本章考虑喇叭效应，建立了一个自行车流和行人流的宏观模型。数值计算结果表明，喇叭效应可以提高自行车流和行人流的流量和速度。但是，自行车和行人运行轨迹相当复杂，本章模型并不能完全说明喇叭的影响。在今后的工作中，需要建立更精确的模型描述自行车和行人的运行规则。

参 考 文 献

[1] Chowdhury D, Santen L, Schadschneider A. Statistical physics of vehicular traffic and some related systems[J]. Physics Reports, 2000, 329(4-6): 199-229.

[2] Helbing D. Traffic and related self-driven many-particle systems[J]. Reviews of Modern Physics, 2001, 73(4): 1067-1141.

[3] Bando M, Hasebe K, Nakayama A, et al. Dynamical model of traffic congestion and numerical simulation[J]. Physical Review E, 1995, 51(2): 1035-1042.

[4] Helbing D, Tilch B. Generalized force model of traffic dynamics[J]. Physical Review E, 1998, 58(1): 133-138.

[5] Jiang R, Wu Q, Zhu Z. Full velocity difference model for a car-following theory[J]. Physical Review E, 2001, 64(1): 17101.

[6] Jiang R, Wu Q S, Zhu Z J. A new continuum model for traffic flow and numerical tests[J]. Transportation Research Part B, 2002, 36(5): 405-419.

[7] Whitham G B. On kinematic waves II. A theory of traffic flow on long crowded roads[J]. Proceedings of the Royal Society of London, 1955, 229(1178): 317-345.

[8] Richards P I. Shock waves on the highway[J]. Operations Research, 1956, 4(1): 42-51.

[9] Payne H J. Mathematical models of public systems[J]. Simulation Councils, 1971, 1(1): 51-61.

[10] Wong G C K, Wong S C. A multi-class traffic flow model-an extension of LWR model with

heterogeneous drivers[J]. Transportation Research Part A, 2002, 36(9): 827-841.

[11] Gupta A K, Katiyar V K. A new multi-class continuum model for traffic flow[J]. Transportmetrica, 2007, 3(1): 73-85.

[12] Xie D F, Gao Z Y, Zhao X M, et al. Characteristics of mixed traffic flow with non-motorized vehicles and motorized vehicles at an unsignalized intersection[J]. Physica A, 2009, 388(10): 2041-2050.

[13] Yuan Y M, Jiang R, Hu M B, et al. Traffic flow characteristics in a mixed traffic system consisting of ACC vehicles and manual vehicles: A hybrid modelling approach[J]. Physica A, 2009, 388(12): 2483-2491.

[14] Benzoni-Gavage S, Colombo R M. An n-populations model for traffic flow[J]. European Journal of Applied Mathematics, 2003, 14(5): 587-612.

[15] Bagnerini P, Rascle M. A multiclass homogenized hyperbolic model of traffic flow[J]. SIAM Journal on Mathematical Analysis, 2003, 35(4): 949-973.

[16] Lan L W, Chang C W. Inhomogeneous cellular automata modeling for mixed traffic with cars and motorcycles[J]. Journal of Advanced Transportation, 2005, 39(3): 323-349.

[17] Herty M, Kirchner C, Moutari S. Multi-class traffic models on road networks[J]. Communications in Mathematical Sciences, 2006, 4(3): 591-608.

[18] Ngoduy D, Liu R. Multiclass first-order simulation model to explain non-linear traffic phenomena[J]. Physica A, 2007, 385(2): 667-682.

[19] Logghe S, Immers L H. Multi-class kinematic wave theory of traffic flow[J]. Transportation Research Part B, 2008, 42(6): 523-541.

[20] Gundaliya P J, Mathew T V, Dhingra S L. Heterogeneous traffic flow modelling for an arterial using grid based approach[J]. Journal of Advanced Transportation, 2008, 42(4): 467-491.

[21] Mallikarjuna C, Rao K R. Area occupancy characteristics of heterogeneous traffic[J]. Transportmetrica, 2006, 2(3): 223-236.

[22] Mallikarjuna C, Rao K R. Cellular automata model for heterogeneous traffic[J]. Journal of Advanced Transportation, 2009, 43(3): 321-345.

[23] Venkatesan K, Gowri A, Sivanandan R. Development of microscopic simulation model for heterogeneous traffic using object oriented approach[J]. Transportmetrica, 2008, 4(3): 227-247.

[24] Wang D, Feng T, Liang C. Research on bicycle conversion factors[J]. Transportation Research Part A, 2008, 42(8): 1129-1139.

[25] Hughes R L. A continuum theory for the flow of pedestrians[J]. Transportation Research Part B, 2002, 36(6): 507-535.

[26] Xia Y, Wong S C, Zhang M, et al. An efficient discontinuous Galerkin method on triangular meshes for a pedestrian flow model[J]. International Journal for Numerical Methods in Engineering, 2008, 76(3): 337-350.

[27] Huang L, Wong S C, Zhang M, et al. Revisiting Hughes' dynamic continuum model for pedestrian flow and the development of an efficient solution algorithm[J]. Transportation Research Part B, 2009, 43(1): 127-141.

[28] Huang L, Xia Y, Wong S C, et al. Dynamic continuum model for bi-directional pedestrian

flows[J]. Proceedings of the Institution of Civil Engineers-Engineering and Computational Mechanics, 2009, 162(2): 67-75.
[29] Xia Y, Wong S C, Shu C W. Dynamic continuum pedestrian flow model with memory effect[J]. Physical Review E, 2009, 79(6): 066113.
[30] Robin T, Antonini G, Bierlaire M, et al. Specification, estimation and validation of a pedestrian walking behavior model[J]. Transportation Research Part B, 2009, 43(1): 36-56.
[31] Helbing D, Molnar P. Social force model for pedestrian dynamics[J]. Physical Review E, 1995, 51(5): 4282-4286.
[32] Helbing D, Farkas I, Vicsek T. Simulating dynamical features of escape panic[J]. Nature, 2000, 407(6803): 487-496.
[33] Burstedde C, Klauck K, Schadschneider A, et al. Simulation of pedestrian dynamics using a two-dimensional cellular automaton[J]. Physica A, 2001, 295(3-4): 507-525.
[34] Kirchner A, Schadschneider A. Simulation of evacuation processes using a bionics-inspired cellular automaton model for pedestrian dynamics[J]. Physica A, 2002, 312(1-2): 260-276.
[35] Huang H J, Guo R Y. Static floor field and exit choice for pedestrian evacuation in rooms with internal obstacles and multiple exits[J]. Physical Review E, 2008, 78(2): 21131.
[36] Guo R Y, Huang H J. A mobile lattice gas model for simulating pedestrian evacuation[J]. Physica A, 2008, 387(2-3): 580-586.
[37] Guo R Y, Huang H J. A modified floor field cellular automata model for pedestrian evacuation simulation[J]. Journal of Physics A, 2008, 41(38): 385104.
[38] Blue V J, Adler J L. Cellular automata microsimulation for modeling bi-directional pedestrian walkways[J]. Transportation Research Part B, 2001, 35(3): 293-312.
[39] Jia B, Jiang R, Wu Q S, et al. Honk effect in the two-lane cellular automaton model for traffic flow[J]. Physica A, 2005, 348: 544-552.
[40] Liu G, Lyrintzis A, Michalopoulos P. Improved high-order model for freeway traffic flow[J]. Transportation Research Record, 1998, 1644: 37-46.
[41] Del Castillo J M, Benitez F G. On the functional form of the speed-density relationship-I: General theory[J]. Transportation Research Part B, 1995, 29(5): 373-389.

第 8 章 混合交通流行人可变步长研究

8.1 概 述

在过去几十年里,行人运动已经得到广泛研究。行人疏散领域存在 CA 模型[1-4]、LG 模型[5-9]、社会力模型[10-13]、蚂蚁行程模型[14]和地场模型[15]等,主要研究恐慌情景下的自组织、噪声诱导排序和集聚现象,如加热冻结、快即是慢效应和羊群行为[7,12]。LG 模型因为便于仿真而备受关注[6,7]。

第一个 LG 模型由 Nagatani[16]在 1999 年提出,用来模拟行人的逆向流。后来,LG 模型被用来研究行人流的拥挤干扰和紧急疏散[8,17],涉及行人之间的各种关系,如跟随、后退和换位。Maniccam[18]甚至应用 LG 模型模拟行人与车辆之间的相互作用。

然而,Guo 等[6]指出,直接使用 LG 模型会导致行人移动距离的计算不合理。他们提出一个移动 LG 模型,其中一个行人可以移动到八个梯形格子,能够更准确地计算疏散时间。但是,与 LG 模型一样,移动 LG 模型中行人的移动步长是固定值,如每单位时间 0.4m。显然,固定的移动步长会导致行人不合理的移动。图 8.1 为移动 LG 模型中不合理的向墙移动。图中数字表示行人 n 与周围环境的距离。五位行人向下走,行人 n 被其他四个行人包围。右侧有一面墙,每个行人

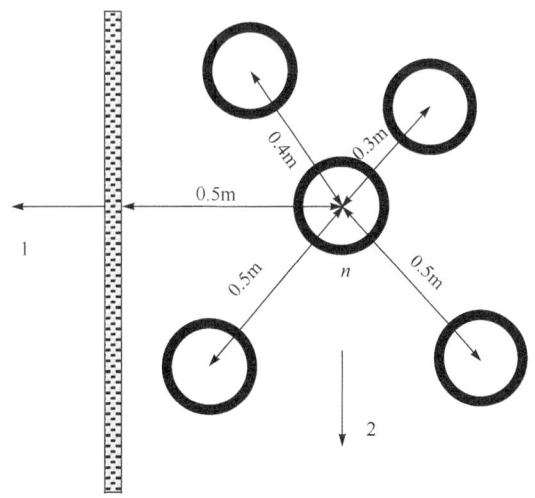

图 8.1 移动 LG 模型中不合理的向墙移动

的半径假定为0.2m。在下一个时间步,每个行人都可以向前、向后、向左、向右移动或保持静止。如果移动步长固定在0.4m,行人 n 只能向左移动;否则,他将与其他行人相撞。然而,沿着方向2,行人 n 具有走路空间。事实上,行人无疑会向下移动,而不是向左移动。

Guo[1]注意到空间和步行速度的离散化程度对行人动态有显著的影响,因此构造了一个改进的模型,具有更精细的空间离散化和更高的步行速度。本章提出一种考虑行人可变步长的扩展移动 LG 模型。该模型可计算各种可能的步长,根据概率来确定运动方向。单房间单出口的仿真结果表明,可变步长比固定步长的行人流疏散速度更快。同时,我们将该模型应用于地铁站在线路换乘或疏散时的实际情况,研究四种常用的客流管理措施,讨论措施的有效性。

8.2 模　　型

8.2.1 行人可变步长

图 8.2 为给出下一个时间步,行人可能的移动方向和概率。行人 n 位于中心 C_n,可能移动到八个相邻格子中的一个。每个灰格的中心与 C_n 的距离为 S_n,意味着行人每次可以向前移动 S_n 个单位。选择八个相邻格子或停留在 C_n 处的概率由 $P_{i,j}$ 表示 $(i,j=-1,0,1)$,(i,j) 表示八个相邻格子或移动方向,$(0,0)$ 表示中心 C_n。

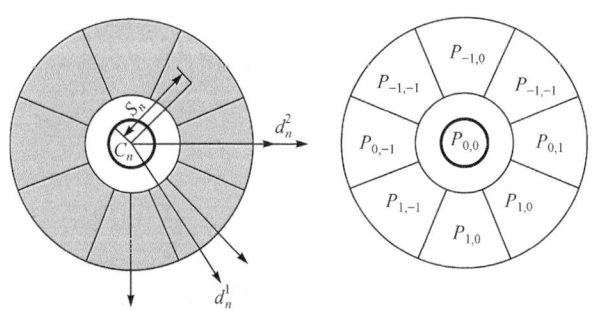

图 8.2　行人可能的移动方向和概率

图 8.3 为空间离散化和行人移动。其中,l_{mn} 是行人 n 和 m 之间的距离。l_1 是行人 n 和 m 之间的最小距离,表示两个行人不愿或不可能进一步靠近。因此,l_1 等于行人 n 和 m 的半径之和。$l_2 = l_1 + S_{\max}$,$S_{\max}$ 是行人最大步长。一旦 $l_{mn} > l_2$,行人 n 将有足够的空间自由移动。

行人根据以下规则确定步行步长。

① 如果距离 l_{mn} 小于 l_1,行人不能继续前进,即如果 $l_{mn} < l_1$,则 $S_n = 0$。

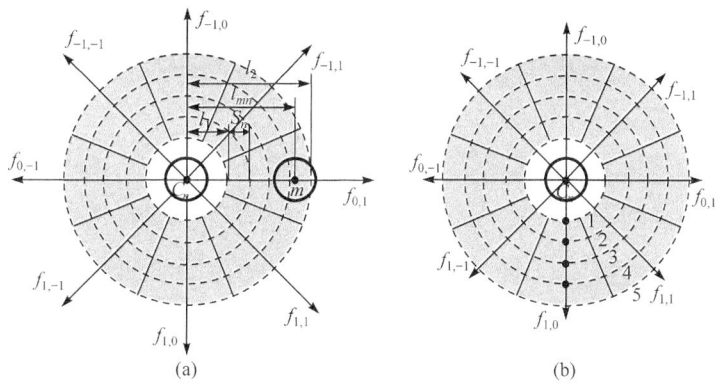

图 8.3 空间离散化和行人移动

② 如果 l_{mn} 大于或等于 l_2，行人将以最快速度移动，即如果 $l_{mn} \geq l_2$，则 $S_n = S_{\max}$。

③ 如果 l_{mn} 在 l_1 和 l_2 之间，行人将选择尽可能大的步伐。由于 S_n 是连续变量，因此计算很困难。本章将 l_1 和 l_2 之间的差距离散为 K 等分，$K > 0$。令每等分为 S_e，则 $S_e = (l_2 - l_1)/K$，$l_2 = l_1 + KS_e$。因此，若 $l_1 + kS_e \leq l_{mn} < l_1 + (k+1)S_e$，则 $S_n = kS_e$，其中 $0 \leq k \leq K, k \in \mathbf{Z}$。

上述规则可以总结为

$$S_n = \begin{cases} 0, & l_{mn} < l_1, \\ S_{\max}, & l_{mn} \geq l_2, \\ kS_e, & l_1 + kS_e \leq l_{mn} < l_1 + (k+1)S_e, 0 \leq k \leq K, k \in \mathbf{Z}, K \in \mathbf{Z}^+ \end{cases} \tag{8.1}$$

因此，离散步行步长的集合是 $\{0, S_e, 2S_e, \cdots, S_{\max}\}$。除 $S_n = 0$ 外，其他可能值可以通过一组同心圆画出来，如图 8.3(a)所示。换句话说，若 S_e 被离散得足够小，相当于一个行人能够以不大于 $S_{\max}$ 的任意步长行走。

图 8.3(b)是行人移动示意图。假定行人的半径为 0.2m，最大步长 $S_{\max}$ 为 0.4m，l_1 和 l_2 分别为 0.4m 和 0.8m。l_1 和 l_2 之间的距离被离散化为四个部分。每个等分 $S_e = 0.1$。一个行人可以前进的步长为 0m、0.1m、0.2m、0.3m 和 0.4m。在每个时间步，位于中心 C_n 且具有步长 S_n 的行人 n 可能移动。灰色虚线圆上的四个黑点分别代表行人 n 向下移动后的步幅可能为 0.1m、0.2m、0.3m 和 0.4m。如果第 5 圈没有障碍物，$S_n = S_{\max} = 0.4$，则行人 n 的中心位于第 4 圈。如果在第 4 圈和第 5 圈之间存在障碍物，则 $S_n = 0.3$，行人 n 的中心将在第 3 圈。如果 $l_{mn} < 0.4$，行人 n 保持不动。

8.2.2 行人行走方向

在大多数类似的研究中，行人 n 选择方向 (i,j) 的概率受以下公式的支配，即

$$P_{i,j} = N\zeta_{i,j}I_{i,j}\left(\frac{1-D}{\sum_{(i,j)}\zeta_{i,j}} + D_{(i,j)} + \sum_m \exp(-f_{i,j}^m) + \sum_W \exp(-f_{i,j}^W)\right) \quad (8.2)$$

其中，N 为归一化因子，保证 $\sum_{(i,j)} P_{i,j} = 1$；$\zeta_{i,j}$ 为 0-1 变量，确定行人的移动是否违反体积排除的原则，即 $\zeta_{i,j} = 1$ 或者 $\zeta_{i,j} = 0$，从而不会发生行人之间的碰撞；$I_{i,j}$ 为一个惯性常数，表示行人保持运动方向不变的偏好；$f_{i,j}^m$ 为行人 m 对行人 n 产生的作用；$f_{i,j}^W$ 为墙体沿方向 (i,j) 对行人 n 产生的作用；偏移量 D 的值在 0~1 之间，表示从行人当前位置到出口方向 d_n^1 的强度偏移。

偏移量 D 可以投影到最靠近 d_n^1 的三个方向，即图 8.2 中三个虚线方向。然后，可以得到下式，即

$$D_{i,j} = D\cos\theta_{i,j} \quad (8.3)$$

式中，$D_{i,j}$ 是 D 在方向 (i,j) 上的投影；$\theta_{i,j}$ 是 $D_{i,j}$ 和 d_n^1 之间的角度。

式(8.2)中括号内第一项和第二项代表行人疏散的自主驱动力，第三项和第四项反映来自其他人和墙的阻力。

考虑不同步长的影响，修改式(8.2)，可以得到新的公式，即

$$P_{i,j} = N\zeta_{i,j}I_{i,j}\left(S_{i,j} + \frac{1-D}{\sum_{(i,j)}\zeta_{i,j}} + D_{(i,j)} + \sum_m \exp(-f_{ij}^m) + \sum_W \exp(-f_{ij}^W)\right) \quad (8.4)$$

其中，$S_{i,j}$ 表示沿着方向 (i,j) 的行人可行步长的加权效应。

显然，如果可能，行人倾向于采取更大步长。我们使用赋权方法估计 $S_{i,j}$，即

$$S_{i,j} = S_t \bigg/ \sum_{t=1}^{K+1} S_t \quad (8.5)$$

其中，S_t 为集合 $\{0, S_e, 2S_e, \cdots, S_{\max}\}$ 中第 t 个元素的值，$t \in [1, K+1]$。

假设 F_{mn} 是行人 m 对行人 n 的平均作用力，μ 为摩擦系数，于是有

$$\begin{cases} f_{0,1}^m = -F_{mn} \\ f_{0,-1}^m = F_{mn} \\ f_{-1,-1}^m = f_{1,-1}^m = 0.5\sqrt{2}F_{mn} \\ f_{-1,0}^m = f_{1,0}^m = -\mu F_{mn} \\ f_{-1,1}^m = f_{1,1}^m = -0.5\sqrt{2}F_{mn} \end{cases} \quad (8.6)$$

平均作用力可以估算为

$$F_{mn} = \begin{cases} \tau(2\gamma S_{\max} - l_{mn}), & l_{mn} \leqslant 2\gamma S_{\max} \\ 0, & l_{mn} > 2\gamma S_{\max} \end{cases} \tag{8.7}$$

其中，τ 和 γ 为两个常数，$\tau \geqslant 0$，$\gamma \geqslant 0$；当 l_{mn} 为特定值时，参数 τ 将行人 m 和 n 之间的空间距离转换为相互作用。

大的 τ 意味着较强的作用。当 $l_{mn} < 2\gamma S_{\max}$ 时，行人 m 和 n 之间就存在相互作用力。同理，墙和行人之间的平均作用力为

$$F_{Wn} = \begin{cases} \tau(\gamma S_{\max} - l_{Wn}), & l_{Wn} \leqslant \gamma S_{\max} \\ 0, & l_{Wn} > \gamma S_{\max} \end{cases} \tag{8.8}$$

其中，l_{Wn} 为行人 n 和墙壁 W 之间的距离。

与原 LG 模型相比，本章新模型保留了 Guo 等[6]移动 LG 模型的所有优点。一方面，本章模型不像 LG 模型那样，将整个空间离散为规则格子。每位步行者在一个时间步可以达到的位置是八个梯形格之一。可变步长可以更准确地计算疏散时间。另一方面，交互力 F_{mn} 和 F_{Wn} 的设置与距离和行人移动步长有关，使选择方向的概率更加接近实际。最重要的是，可变步长能够给行人更多疏散方向的选择。

8.3 仿真与应用

8.3.1 单房间单出口疏散问题

首先将本章模型应用于单房间单出口疏散问题。房间 16m × 16m，有一个 1m 宽的门。假设开始模拟之前，500 个行人均匀分布在房间内。其他输入数据包括 D =0.8，μ =0.3，τ =1，γ =0.5，$S_{\max}$ =0.4m。模拟时间步长为 0.3s，将 l_1 和 l_2 之间距离离散化为 4 等分，每等分 S_e = 0.1。因此，行人能以 0m、0.1m、0.2m、0.3m 或 0.4m 的步长向前移动。

我们研究了四种行人运动动态：①所有行人的步长都是可变的；②所有行人的固定移动步长为 0.2m(即 S_n = 0.2)；③所有行人的固定移动步长为 0.3m(即 S_n = 0.3)；④所有行人的固定移动步长为 0.4m(即 S_n = 0.4)。图 8.4 为模拟开始时行人的分布。为了清楚地表明行人的行动，房间分为六个区域，最初分布在这六个区域的行人以不同的颜色深度标记。

图 8.5 演示了在时间步 20、40、60、100 和 200 的行人的典型疏散状态。可以清楚地看到，出口附近拱形的出现和消失。此外，具有可变步长的行人更喜欢超越或穿越他人，而不是等待更大的空间。相反，固定步长 S_n = 0.2 的行人很少出现赶超或插队。这些行人总是密切关注其他人，人群仍然拥挤。固定步长 S_n = 0.4 的行人容易超越其他人，拥挤不严重，但出口处拱形的弧度较大。

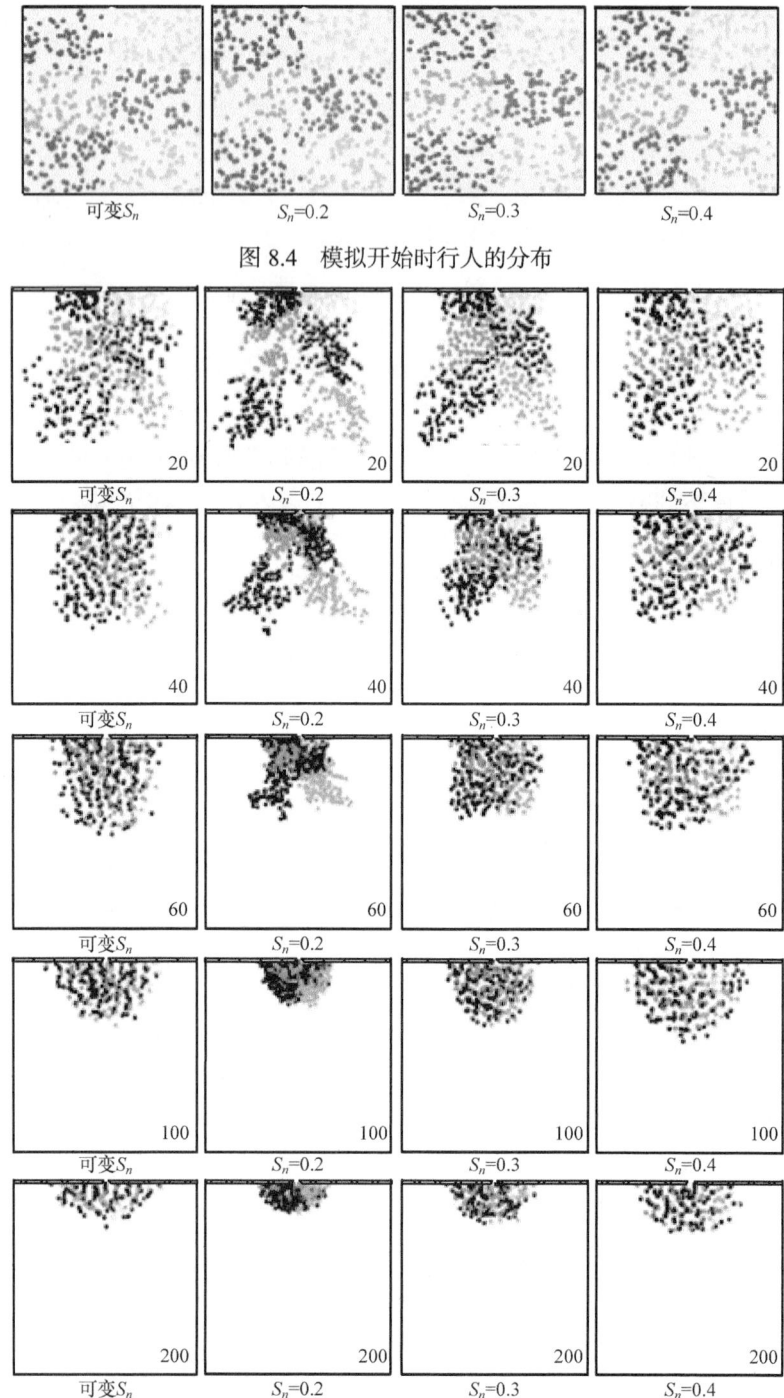

图 8.4　模拟开始时行人的分布

图 8.5　在时间步 20、40、60、100 和 200 行人的典型疏散状态

对应于 4 种行人步长设置，行人的撤离时间分别为 111s、127s、118s 和 116s。一个有趣的现象是，尽管 $S_n = 0.4$ 出口附近的拱形大于 $S_n = 0.2$ 出口附近的拱形，但 $S_n = 0.4$ 时所需的疏散时间少。这是因为，当拱形稀疏时，行人可以更快地逃生。

Guo 等[6]推断，行人疏散时间与室内行人的初始密度和移动步长有关。但他们没有证实这一推断。本节根据初始行人密度和移动步长的组合进行 10 次模拟，并计算疏散时间的平均值。

行人密度可以用人均面积来衡量。表 8.1 列出了行人密度和特征的五种情景。每种情景涵盖人均面积的一个范围。从情景 $A \sim E$，拥塞程度逐渐减少。图 8.6 为不同情景平均疏散时间图，我们可以进行如下分析。

① 可变步长的行人比固定步长的行人能够更快地撤离。这些行人可以充分利用空间，从而快速离开房间。

② 因为移动步长太小，初始行人密集使固定步长 $S_n = 0.2$ 的行人疏散最慢。

表 8.1 行人密度和特征的五种情景

情景	人均面积/m²	共享空间	行人移动
A	<0.5	几乎为零	行人只能跟随他人，堵塞总是存在，赶超和插队是不可能的
B	0.5~1.2	小	大多数运动都是有限的，经常发生堵塞
C	1.2~2	有限	大多数人可以感觉舒适，但大幅度动作受限
D	2~3	相对充足	偶尔减速的准自由态
E	>3	充足	行人可以自由选择速度和路线

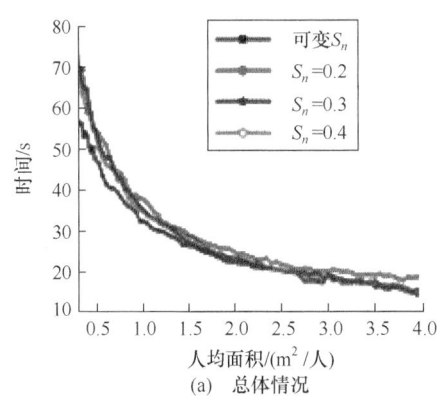

(a) 总体情况

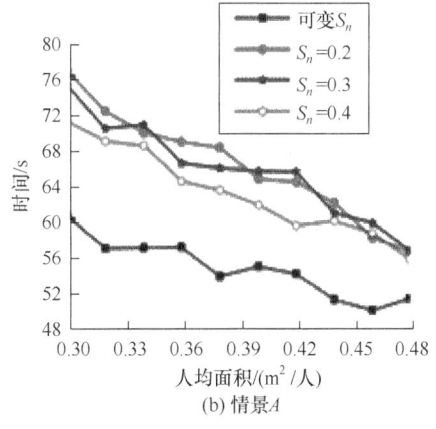

(b) 情景 A

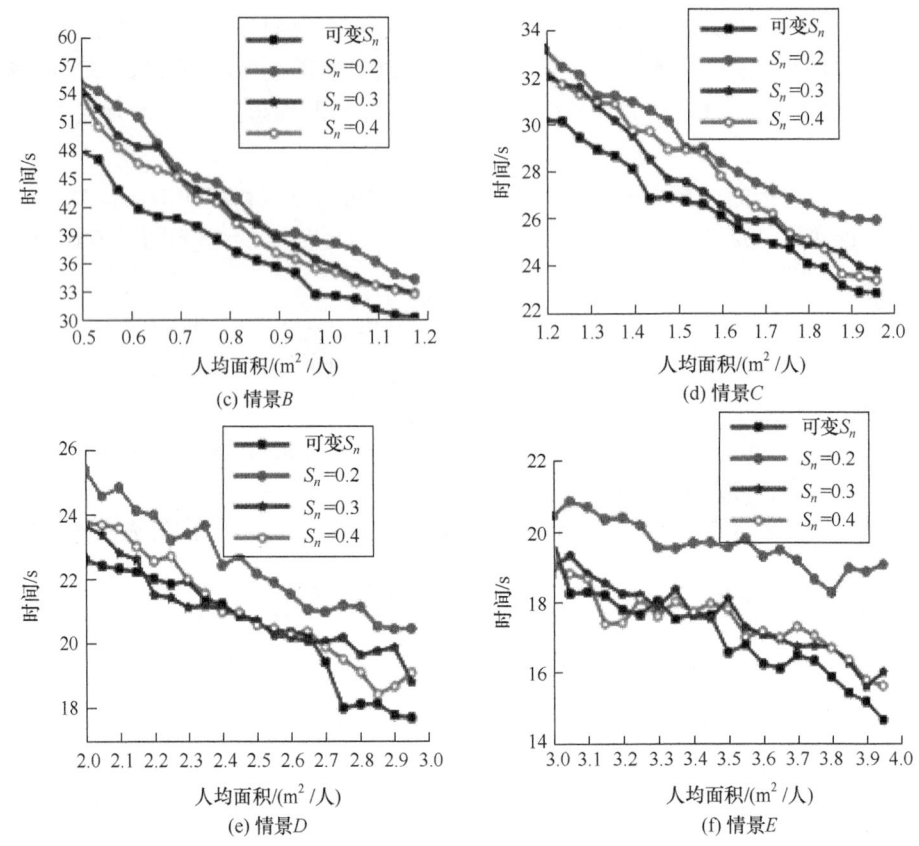

图 8.6 不同情景下平均疏散时间

③ 速度更快的行人并不总比更慢的行人疏散快。如图 8.6(d) 和图 8.6(e) 所示，$S_n = 0.4$ 的行人比 $S_n = 0.3$ 的行人平均疏散时间更高。因此，初始密度与固定移动步长的联合效应是非线性的。

8.3.2 地铁站疏散问题

本节介绍可变步长 LG 模型在现实生活的应用。北京地铁系统在每天早上和晚上高峰期间有大量乘客进出地铁站。在车站内，乘客必须沿着多个通道行走才能到达站台或者出站。由于行人密度极高，在通道内行走并不是一件容易的事情。我们选择北京市地铁宣武门站进行观测和数据采集。调查采用计数和录像的方法。

地铁 2 号线(L2)和 4 号线(L4)在宣武门站相交，使该站内部结构为两层。图 8.7 为宣武门地铁站布局。该站是换乘站，乘客数量非常大。为换乘而设计的区域在图 8.7 中用大圆圈标记，乘客必须经过几个通道才能从 L2 转到 L4，或者从 L4 转到 L2。

第8章 混合交通流行人可变步长研究

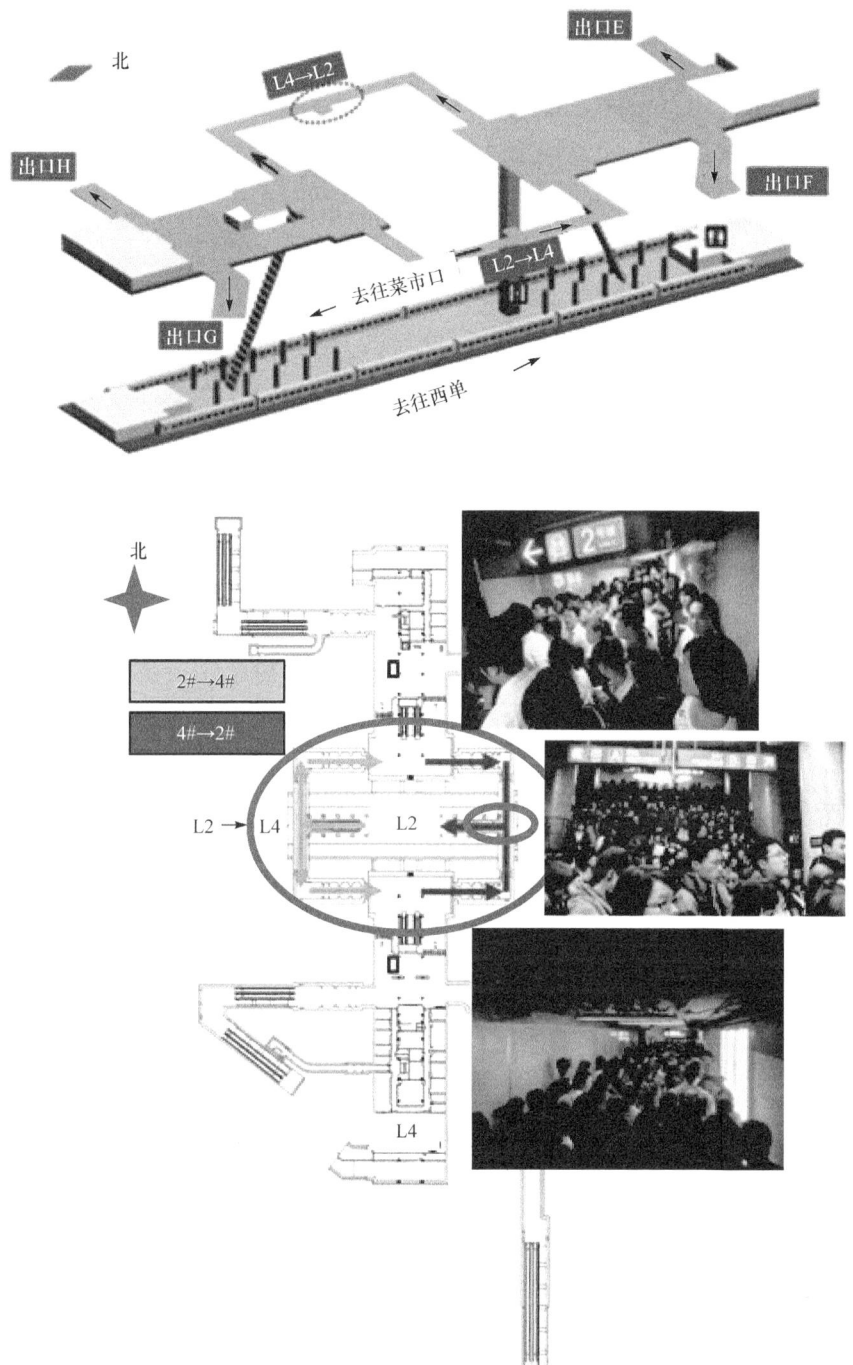

图 8.7 宣武门地铁站布局

图 8.8(a)是从 L4 到 L2 通道平面图。乘客来自两条宽阔支路(宽 4.8m)的西端，步行到一个狭窄的通道(宽 2.6m)。图 8.8(a)中小圆圈为通道瓶颈。瓶颈周围的行人流被连续地记录下来，计算出与时间相关的平均密度。图 8.8(b)为瓶颈周围行人密度图。令人惊讶的是，最高的行人密度竟然达到 0.33m²/人，即每平方米超过 3 人。在高峰时间，需要超过 10min 的时间走过这段高密度区。

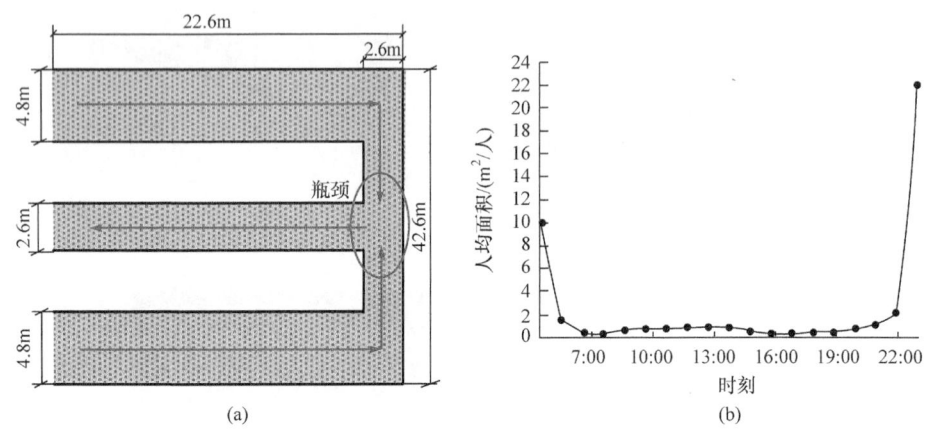

图 8.8 从 L4 到 L2 通道平面图和瓶颈周围行人密度

为了改善行人交通，专家正在考虑采取一些管理措施。图 8.9 为三种常用管理措施。图 8.9(a)用障碍物将拥挤地区的人流分开，图 8.9(b)用隔离围栏延长两条宽阔的分支通道，图 8.9(c)在闸机处限制乘客进站率。这三项措施分别用 P1、P2 和 P3 表示。保持当前状态不变的措施用 P0 表示。

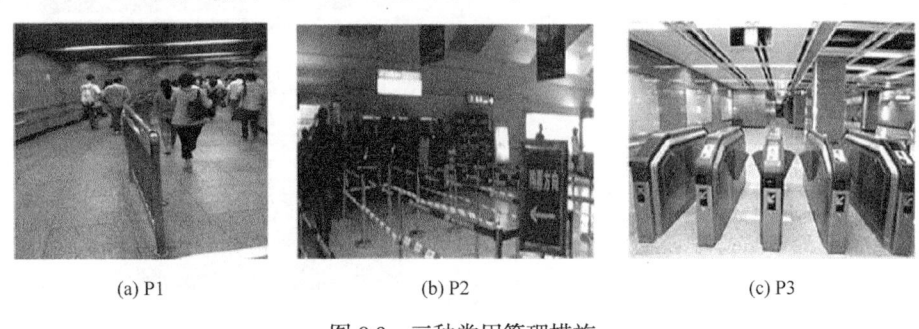

图 8.9 三种常用管理措施

本章采用可变步长 LG 模型分析上述四种管理措施的效果。在措施 P2 中，每个分支通道的长度增加 5m。在措施 P3 中，每个分支通道的入口处安装 5 个自动检票设备，一个闸机关闭。根据调查数据，在模拟过程中，平均步长设为 0.647m，时间步为 0.8s。模拟开始时，共有 582 名乘客进入两个支路，初始密度为 0.33m²/人。

图 8.10 显示了在第 100、150、200 和 300 时间步四种管理措施下的人流情况。每个时间步代表 0.8s。从图中可以得到以下结果。

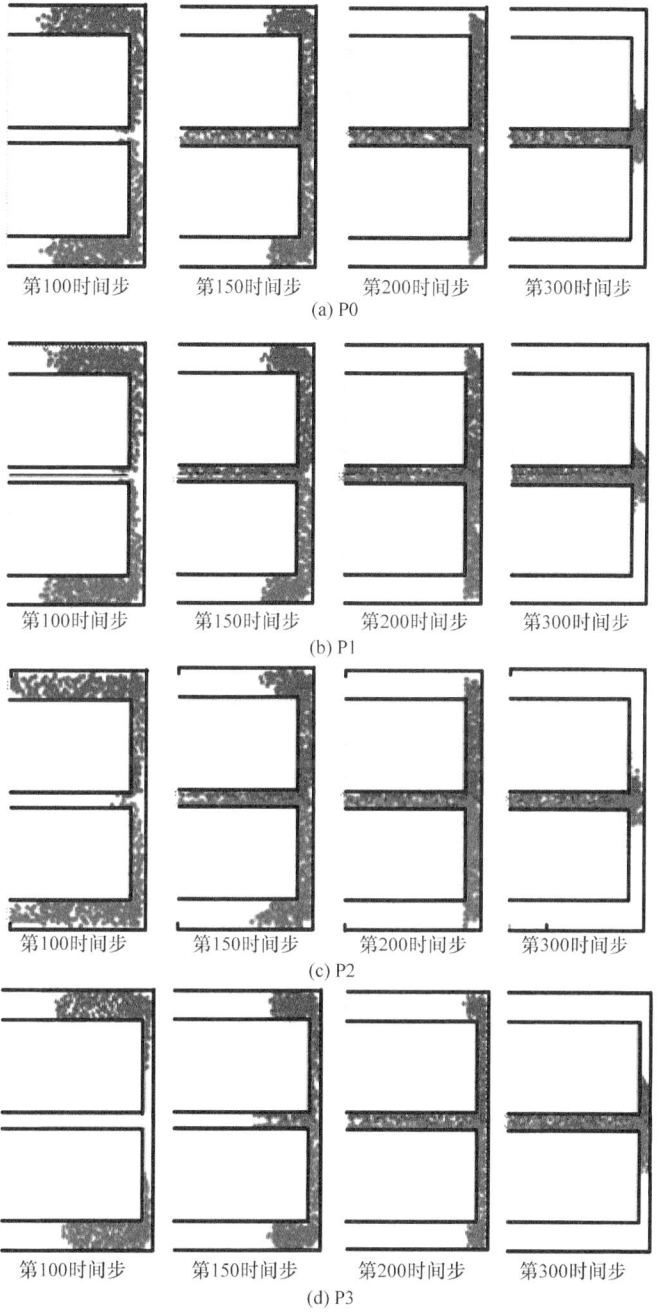

图 8.10 第 100、150、200 和 300 时间步四种管理措施下的人流情况

① P1 可以帮助引导交汇通道处的交通。
② P2 不能减少瓶颈周围的行人密度，反而会增加疏散时间。
③ P3 可以降低两个分支通道的客流密度，但对交汇通道的流量影响有限，因此产生的疏散时间几乎与 P0 相同。

图 8.11 为平均疏散时间与初始行人密度关系图。当乘客在不同初始密度的所有通道中均匀分布时，无论最初的交通是宽敞或拥挤，P2 都是不可取的。P0 和 P3 之间的差别很小。然而，当初始密度非常高(即人均面积非常低)时，P1 可以帮助减少疏散时间。

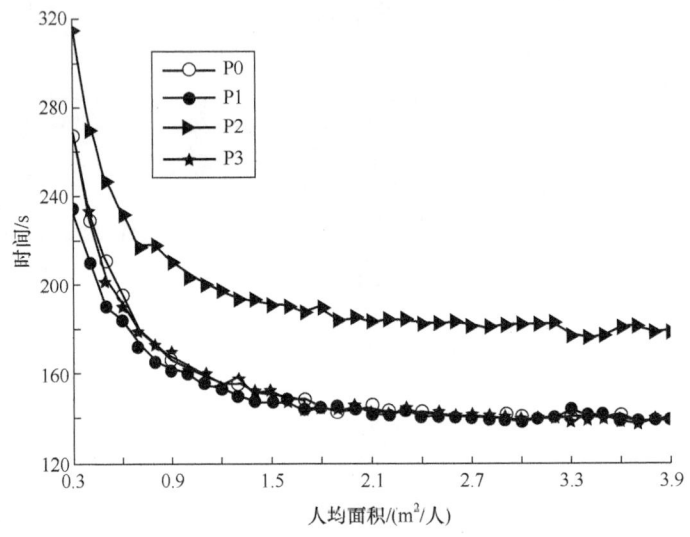

图 8.11　平均疏散时间与初始行人密度关系图

8.4　本章小结

传统的 LG 模型使用规则格子不能准确计算平均疏散时间[5,16]。Guo 等[6]构建了一个移动 LG 模型解决这个问题。在他们的模型中，行人的移动步长是固定的，不符合现实情况。本章提出一个扩展的移动 LG 模型，使行人的步长可变。模型集合了原 LG 模型[5,16]、移动 LG 模型[6]和改进社会力模型[19]的优点，引入更精细的离散化空间，并扫描所有可能的移动步长。模型被用来模拟单出口、尺寸为 16m×16m 房间的行人疏散过程。仿真结果表明，可变步长 LG 模型比 LG 模型和移动 LG 模型能更准确地描述行人的移动。可变步长的行人能够比固定步长的行人更快地撤离。此外，我们对北京地铁车站的行人运动进行了实验研究。通过实地调查，发现问题并获得一些数据，对模型的实际应用非常重要。我们模拟了行人在车站通道的移动或疏散过程，并采用模型评估四种常见的人流管理措施。

参 考 文 献

[1] Guo R Y. New insights into discretization effects in cellular automata models for pedestrian evacuation[J]. Physica A, 2014, 400: 1-11.

[2] Guo R Y, Huang H J. A modified floor field cellular automata model for pedestrian evacuation simulation[J]. Physica A, 2008, 41: 385104.

[3] Shang H Y, Peng Y. A new cellular automaton model for traffic flow considering realistic turn signal effect[J]. Science China Series E, 2012, 55: 1624-1630.

[4] Shang H Y, Huang H J, Wu W X. Effects of right-turn vehicles on traffic flow[J]. Modern Physics C, 2012, 23(2): 1250010.

[5] Muramatsu M, Irie T, Nagatani T. Jamming transition in pedestrian counter flow[J]. Physica A, 1999, 267(3-4): 487-498.

[6] Guo R Y, Huang H J. A mobile lattice gas model for simulating pedestrian evacuation[J]. Physica A, 2008, 387: 580-586.

[7] Jiang R, Wu Q S. Pedestrian behaviors in a lattice gas model with large maximum velocity[J]. Physica A, 2007, 373: 683-693.

[8] Helbing D, Isobe M, Nagatani T, et al. Lattice gas simulation of experimentally studied evacuation dynamics[J]. Physical Review E, 2003, 67(6): 067101.

[9] Li X, Chen T, Pan L, et al. Lattice gas simulation and experiment study of evacuation dynamics[J]. Physica A, 2008, 387(22): 5457-5465.

[10] Helbing D, Molnár P. Social force model for pedestrian dynamics[J]. Physics Review E, 1995, 51: 4282-4286.

[11] Helbing D, Keltsch J, Molnar P. Modelling the evolution of human trail systems[J]. Nature, 1998, 388(6637): 47-50.

[12] Helbing D, Farkas I, Vicsek T. Simulating dynamical features of escape panic[J]. Nature, 2000, 407(6803): 487-490.

[13] Hou L, Liu J G, Pan X, et al. A social force evacuation model with the leadership effect[J]. Physica A, 2014, 400: 93-99.

[14] Nishinari K, Sugawara K, Kazama T, et al. Modelling of self-driven particles: Foraging ants and pedestrians[J]. Physica A, 2006, 372(1): 132-141.

[15] Burstedde C, Klauck K, Schadschneider A, et al. Simulation of pedestrian dynamics using a two-dimensional cellular automaton[J]. Physica A, 2001, 295(3-4): 507-525.

[16] Nagatani T. Jamming transition in a two-dimensional traffic flow model[J]. Physical Review E, 1999, 59(5): 4857-4864.

[17] Nagatani T, Nagai R. Statistical characteristics of evacuation without visibility in random walk model[J]. Physica A, 2004, 341: 638-648.

[18] Maniccam S. Traffic jamming on hexagonal lattice[J]. Physica A, 2003, 321: 653-664.

[19] Song W, Xu X, Wang B H, et al. Simulation of evacuation processes using a multi-grid model for pedestrian dynamics[J]. Physica A, 2006, 363(2): 492-500.

第9章 混合交通流车道饱和流率研究

9.1 概　　述

提高现有道路系统的通行能力和利用效率，必须保证交叉口微循环的正常运转。但是，交叉口作为城市交通枢纽部分，汇集的机动车、行人、非机动车的行驶方向各不相同，因此存在大量的干扰与冲突。混合交通环境下非机动车和行人对交叉口通行能力有重要影响。交叉口实际通行能力的状态究竟如何，是提高路口管理、实现冲突分离必须回答的问题。

混合交通环境一般从行人或自行车因素考虑。发达国家对交叉口的研究虽然有许多成果[1,2]，但关于自行车、行人对机动车和通行能力影响的研究比较少。这与大多数发达国家自行车流量较小、行人比较遵守交通规则、自行车和行人引发的问题较少有关。美国交通研究委员会出版《道路通行能力手册》，为评价行人和自行车设施提供了分析框架，但存在一定的局限性[3]。Webster[4]计算信号周期的方法开创了信号控制的先河，但公式局限于固定信号周期的情形。交叉口交通流的随机到达使动态交通控制成为学者关注的重点。模糊逻辑模型被用来研究交通信号配。Pappis 等[5]分别研究了基于模糊控制的多相位信号配时顺序。Murat 等[6]利用模糊逻辑模型分析单信号交叉口绿灯时间对通行能力的影响。

与国外相比，一方面，我国交通流理论研究起步较晚，对机动车交通流的研究水平相对落后；另一方面，我国作为非机动车大国，交通的特点是混合低速，国内学者在路口混合交通流的机非干扰、行人过街等研究成果反而多一些[7-11]。

交叉口通行能力是评价交叉口效果的重要指标，指在现行的交通、车行道和信号条件下，某一指定进口道能通过交叉口的最大流率。信号交叉口的通行能力以饱和流率为基础。指定车道或进口道的通行能力可以表示为饱和流率与对应绿信比的乘积。显然，饱和流率对于掌握信号交叉口的通行能力具有至关重要的作用。

本章对北京市五环内 36 个信号交叉口进行交通调查，利用视频摄像采集数据。通过有效数据的统计分析，可以得到北京市主要类型车道的饱和车头时距及饱和流率。相关工作建立在大量交通调查的基础上，具有较广泛的适应性，可以为混合交通条件下信号交叉口交通管理提供事实依据。

9.2 交通调查与数据采集

9.2.1 调查准备

1. 调查目的

进行道路网络规划、道路及交叉口设计、交通设施规划与运行评价时,首先要对道路交通情况进行实地调查,获得有关道路特征和交通特征的第一手资料,为确定道路的几何参数、评价指标提供基本依据,同时也为确定交通特性模型提供依据。通过交通调查可以达到以下目的。

① 了解目前发生拥挤和阻塞的交叉口,研究发生阻塞的原因并分析不同条件对阻塞产生的影响。
② 对特定交叉口的交通设施或交通运营管理提出改造和完善的建议。
③ 为综合评价现有道路网交通状况奠定基础。
④ 将调查数据组成一个关于交叉口车辆运行的数据库。数据库可以为交叉口通行能力的研究提供很好的数据平台,也可以为其他研究提供数据共享的机会。
⑤ 取得第一手的数据资料,通过分析比较为建立相应的通行能力数学模型提供依据。

2. 调查对象

调查对象范围为五环路内主干路的部分交叉口,包括丁字路口、十字路口和复杂路口。交叉口分类表如表 9.1 所示。

表 9.1 交叉口分类表

路口类型	道路交叉类型	类型编号
三叉口	快速路与主路交叉	A
	快速路与次路交叉	B
	主路与主路交叉	C
	主路与次路交叉	D
四叉口	快速路与主路交叉	E
	快速路与次路交叉	F
	主路与主路交叉	G
	主路与次路交叉	H
	多等级道路交叉	I
五叉口	/	J
畸形路口	/	K

选取调查对象为典型形状的交叉口，并结合北京市交通管理部门公布的交通拥堵点。选取主要原则如下。

① 本次调查为典型调查，需要通过少数典型对象获得深入翔实的统计资料。选择的交叉口应尽可能具有代表性、典型性，必须满足如表 9.1 所示的交叉口要求。

② 选择较好视野的交叉口。这有利于观测，便于架设数码摄像机。

③ 交叉口车流量较大，在高峰时段车流量大且有一定的排队现象。

一般来说，选择观测点时应进行一系列准备活动，包括野外勘测、列出可能的观测点、详细勘测备选观测点、确定调查点。

在北京市区，勘测选取 36 个信号交叉口进行路口调查。图 9.1 为交通调查对象分布图。其中，海淀区 11 处，东城区 8 处，丰台区 4 处，西城区 8 处，朝阳区 4 处，石景山区 1 处。调查路口一览表见附录 A。

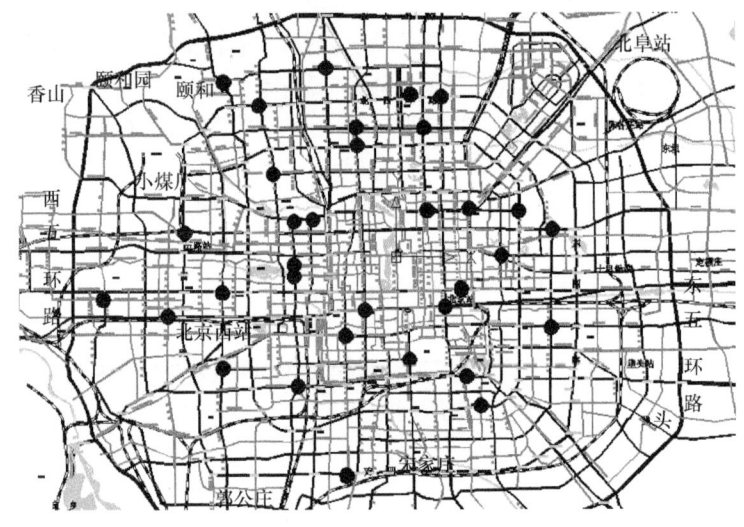

图 9.1　交通调查对象分布图

3. 调查内容

调查对象主要为信号交叉口，需要调查几何线形、交通量和信号特点等。具体包括如下内容。

① 交叉口周边概况。例如，周边建筑、路边停车道及位置；公共汽车站及位置；公交港湾及长度；渠化特性等。

② 周边交通环境。例如，交通标志、车道数、车道宽度、坡度(加号为上坡)、车道交通流向。若几何条件不宜现场调查，则借鉴当地已有数据。

③ 交叉口几何组成，包括各进口引道车道数、停车线位置及各车道功能划分

情况。

④ 信号灯周期时长、各相位时长(包括绿灯时间、黄灯时间、红灯时间)。

⑤ 交叉口高峰小时交通流量流向分布。

第①~④项内容包括两个部分,一是将上述内容分别填入附录 B 和附录 C;二是文字补充(附录 D)。第⑤项内容需要数据统计人员分车道、分方向、分车种整理交通量,并按照不同车道和行进顺序将车头时距记录下来。

4. 调查方法

与路段相比,交叉口交通状况更复杂。本章交通调查主要采用数码摄像机(digital video,DV)观测,在交叉口附近选择制高点,俯视拍摄。调查人员拍摄交叉口入口引道停车线前 10m 到出口这一区间内的车流和信号显示。使用 DV 2 台、计时器 1 块、笔和本子 1 套。每次调查时,需要调查人员 2 名。调查人员在安装好 DV 后,一位负责拍摄,一位负责完成调查内容。调查获得画面后,路口每个进道口需要数据统计人员 1 名。丁字交叉口、十字交叉口、多叉交叉口需要数据统计人员 3、4、多名。

调查时间为每天调查 2 个路口,上午下午各 2 个小时,包括高峰期。上午早高峰时段为 7:00~9:00 和下午晚高峰时段为 16:30~18:30。图 9.2~图 9.5 为调查人员站位图。

5. 路口基本信息表填写说明

① 表头填写。路口名称指路口位置,表示方法如人民大街/西宁大路。进口道方向指调查所处的进口道位置,如人民大街北进口,表示北面人民大街的入口。

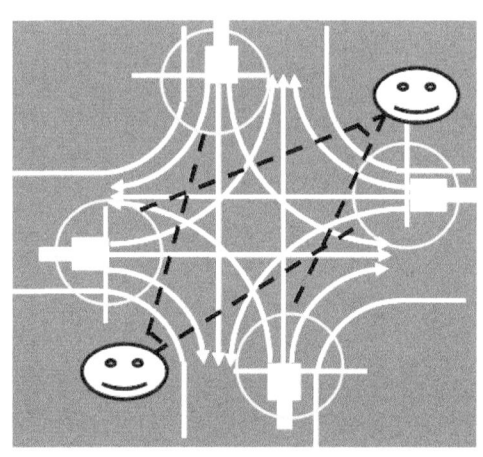

图 9.2 十字路口调查人员站位图

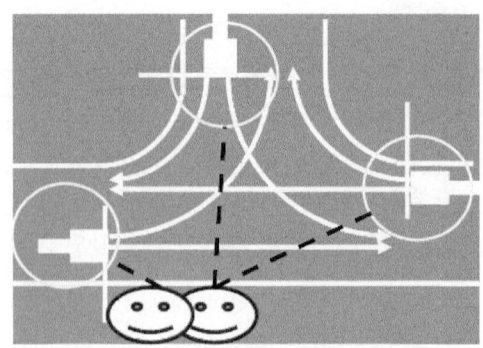

图 9.3　丁字路口调查人员站位图

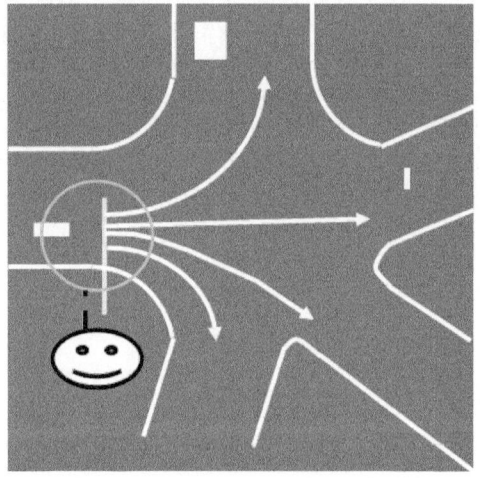

图 9.4　五叉路口调查人员站位图

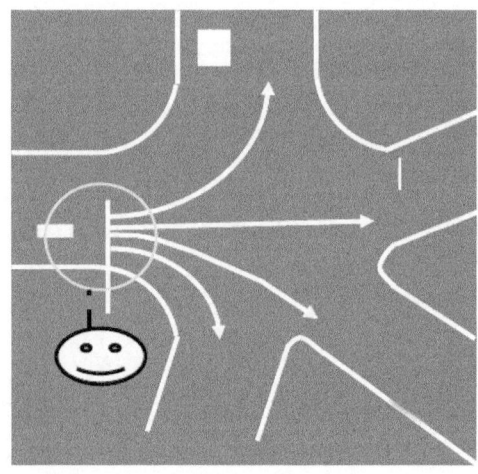

图 9.5　五叉以上路口调查人员站位图

② 内容填写。路口基本信息，如调查所处方向的所有进口道信息和所有出口道信息，包括车道宽度、车辆专用道和转弯专用道。需要说明的是，单向道路设有中央隔离带，调查人员填写车道信息时以车行方向从左至右车道顺序填写，即假设隔离带在车行方向的左边。

9.2.2 资料整理和分析

1. 观测数据的整理

首先对 DV 拍摄得到的大量原始数据进行初步处理。每个路口调查人员需要填写交通环境的文件(附录 B 和附录 C)、文字说明文件(附录 D)。1 个进道口需要 1 名数据统计人员，分车道、分车型获得车流量和车头时距文件。根据课题组软件，按车道分别统计车流量和车头时距。对于一个车道数为 N 的进道口，需要统计 N 次。

2. 观测数据的分析利用

本章根据不同调查地点、不同车型的车头时距，利用停车线断面法直接推算通行能力，或者根据交通量与其他交通参数的关系，综合分析交通流特征，推算通行能力。

① 计算各车型的平均车头时距。

将同类车辆的车头时距整理在一起，按统计方法剔除异常数据，包括车头时距最大值和最小值。例如，置信水平为 95%，则车头时距 h 取值应在平均值之间，即

$$\bar{h} \pm t_{0.025} \frac{S}{\sqrt{N}} \approx \bar{h} \pm 2 \frac{S}{\sqrt{N}} \tag{9.1}$$

其中，N 为观测总次数；S 为样本标准差；$t_{0.025}$ 为自由度$(N-1)$，置信水平 95%时的 t 分布统计量。

然后，算出各类车型的平均车头时距。

② 计算车辆换算系数。

交通管理部门交通量统计时，规定 3 类 11 种车型，分别是汽车(小客车、大客车、小货车、中型货车和拖挂车)、拖拉机(大、小型)，以及非机动车(畜力车、人力车和自行车)。这种以车辆外形尺寸和客货特征为分类标准的划分方法会导致车辆种类划分过多，且车辆运行特性划分不明显，同时增加交通数据统计的工作量。

通行能力分析时，车辆分类的目的在于把多种车型混合交通流中运行特征相似的车归为一类，以便确定各种运行车辆对标准车交通量的不同影响。因此，本章以车辆运行特征(平均运行速度和标准差)作为车辆分类的首要标准，选取小客

车、中型车、大型车和拖挂车的分类方法。

车辆折算系数的定义是交通流中某种车平均每增加或减少一辆对标准车小时平均运行速度(车流延误或密度)的影响值,与平均每增加或减少一辆对标准车小时平均运行速度的影响值比值。车辆折算系数表如表9.2所示。

③ 利用HCM法、Webster法、停车线法等计算交叉口通行能力,并比较适用性。

表 9.2 车辆折算系数表

汽车代表车型	车辆折算系数	说明
小客车	1.0	≤19座的客车和载重量≤2t的货车
中型车	1.5	>19座的客车和2t<载重量≤7t的货车
大型车	2.0	≤50座的客车和7t<载重量≤14t的货车
拖挂车	3.0	14t<载重量的货车

9.3 数 据 分 析

9.3.1 车头时距

饱和流率受诸多因素的影响,包括车道几何因素、信号控制方案、交通流形式等。不同的交叉口形式、入口断面车道数及专用车道数,对饱和流率都有不同影响。例如,两直一右的三车道进口道,靠近中央分隔带比中间的直行车道饱和流率小。因为靠近中央分隔带,驾驶员行车时横向范围的选择余地相对较小,而中间车道的车辆可以在自身及旁侧车道一定范围内相对自由地行驶,即中间车道的车辆享有更加宽阔的路面。

车道宽度不同,饱和流率也不同。当信号交叉口受侧向干扰较大时,侧向非机动车或行人会影响直行车道的通行,降低车辆通过交叉口的通行速率,使饱和流率下降,甚至交通堵塞。上下游交叉口距离太短,或相位不够协调,对上游交叉口直行车道的饱和流率同样会造成很大的影响。例如,距离太短出现溢流现象,造成上游交叉口车流减速,减小饱和流率。同样,车道坡度、信号配时参数、信号相位方案、车流流向分布、车流中大车比例、公交停靠位置等因素都会影响饱和流率。因此,分析通行能力时,必须对各影响因素实地调查,找出它们与饱和流率之间的规律。

基于上述原因,同时为保证调查数据的可行性,最终选择北京市五环内36个交叉口作为数据采集点。这些交叉口具有如下特性。

① 上游有充足的交通需求量，红灯期间等待车辆超过 9 辆。
② 绿灯放行期间，下游不存在拥挤或溢流现象，车流能够顺畅地通过。
③ 直行车不受对向左转车流的影响，周边没有交通异常事件发生。
④ 红灯期间排队车流主要以小汽车为主，车道受行人、非机动车侧向干扰很小。

采用视频摄像的方法采集数据，把信号交叉口车道上通过停车线的车辆记录下来。通过编写计算机程序，把每一辆车通过停车线的时间逐一记录，从而得到每一车道上绿灯放行期间车流的车头时距分布。在绿灯初期，排头车辆从启动到加速，通过交叉口的车速相对比较缓慢，因此前几辆车的车头时距比较大。在绿灯中期，车辆以相对稳定的车速通过交叉口区域，跟车时距相对稳定且偏小。为保证数据有效性和饱和流率计算的正确性，将绿灯初期 3~4 辆车的车头时距(初始时距)删除，选取绿灯中期和绿灯末期的车头时距(饱和时距)进行处理。分析时，首先拟合车头时距分布，求出置信度为 95%水平下的置信区间，将置信区间外过长或过短的车头时距剔除。

以清华大学西门路口为例，进行分析。

1. 路口概况

清华大学西门路口地处北京市海淀区中关村繁华地段，相交道路为两条主干路，即中关村北大街和清华西路。周围分布着清华大学、颐和园、圆明园遗址、北京大学等大型交通吸引点。

图 9.6 为清华大学西门路口示意图。路口为规则丁字交叉口，中关村北大街(南北向)北侧为双向 8 条机动车道，北进口道有分隔带，将右转车道和直行车道分离。其中，右转车道为 1 车道，可以机非混行；直行车道有 3 条，为机动车道。中关村北大街南侧路段为双向 8 条机动车道，南进口道无分隔带，有 2 条直行车道和 2 条左转车道。清华西路(东西向)为双向 8 条机动车道，西进口道有 1 条右转车道和 3 条左转车道。表 9.3 为交叉口几何条件一览表。

表 9.3 交叉口几何条件一览表

项目	单位	进出口方向					
		西		南		北	
		进口道	出口道	进口道	出口道	进口道	出口道
道路等级	—	主干道		主干道		主干道	
断面形式	—	—		—		机非分隔带	
车道数	车道	4	4	4	4	4	4

续表

项目	单位	进出口方向					
		西		南		北	
		进口道	出口道	进口道	出口道	进口道	出口道
单车道宽	m	3.25	3.25	3.25	3.25	3.25	3.25
车道功能划分	—	左、右专用道	—	左、直专用道	—	直、右专用道	—
非机动车道宽	m	6.25	6.25	6.25	6.25	6.25	6.25
人行道宽	m	5	5	5	5	5	5

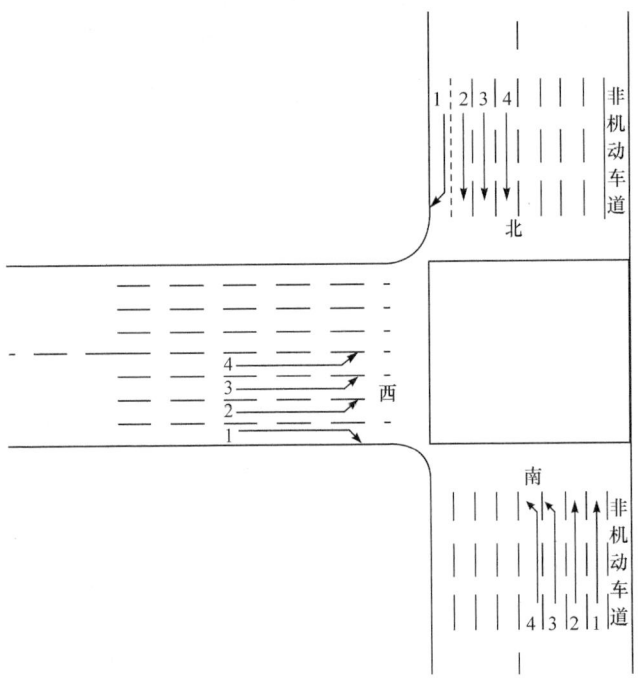

图 9.6　清华大学西门路口示意图

清华大学西门交叉口采用固定周期式信号控制方式，为三相位信号控制方案，南北方向有左转专用相位，东西方向绿灯相位时车辆左转。信号周期为 140s，相位、相序如图 9.7 所示。

交通流以小汽车和自行车为主，自行车和行人交通量非常大。早高峰(6:30~9:30)交通流量如表 9.4 所示。

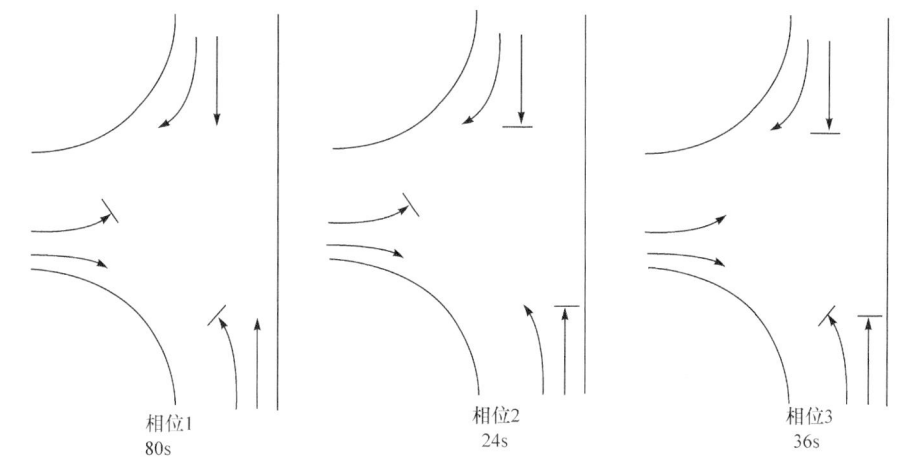

图 9.7 清华大学西门交叉口相位、相序图

表 9.4 早高峰交通流量表

进口方向	车道编号	车流方向	机动车流量/(Veh/h)					合计/(Veh/h)
			出租车及小汽车	中客及小货车	大客	大、中货车	合计	
南	1	直行	1101	80	89	24	1294	3458
	2	直行	1028	89	72	81	1270	
	3	左转	215	20	76	152	463	
	4	左转	390	8	27	6	431	
西	1	右转	523	24	295	7	849	1964
	2	左转	293	15	12	4	324	
	3	左转	345	21	47	12	425	
	4	左转	307	19	26	14	366	
北	1	右转	1394	102	46	26	1568	5307
	2	直行	762	126	193	66	1147	
	3	直行	1502	46	66	22	1636	
	4	直行	922	33	1	0	956	
合计			8782	583	950	414	10729	

通过现场观察，发现如下问题。

① 南进口道的铰接大型公共汽车较多，但左转相位在西进口道左转相位之

前。当西进口道左转放行时,对待行车辆的影响较大。

② 南、西进口道左转相位有部分摩托车、自行车随行,对机动车造成一定的干扰。

③ 由于未对右转机动车进行信号控制,右转机动车与自行车、行人的冲突及干扰在每一相位绿灯初期比较严重。

④ 路口行人过街通道上缺乏无障碍通道,未考虑残疾人、老人等交通弱者的需求,无法进行数据采集与模型验证。

车头时距分布是交通流理论研究的一个重要内容,是通行能力分析、间隙接受理论、交叉口交通控制,以及交通模拟的基础。根据不同的交通特征,研究人员提出很多实用性很强的模型,如负指数分布模型、位移负指数模型、爱尔兰分布模型、对数正态分布模型等。图9.8为清华大学西门路口单车道车头时距分布图。可以看出,单车道车头时距满足负指数分布。

在实际运行过程中,车辆一般处于三种状态,即超车状态、跟车状态和自由流状态。超车状态在交叉口很少出现,可以看作一种超近距离的跟车状态。在车流密度较大时,几乎没有车辆处于自由行驶状态,部分车辆处于跟车行驶状态,大部分车辆都在有一定相互影响的状态下行驶,车辆间相互影响较大。与均衡性较好的单一车流不同,混合车流中车辆的几何特性和交通特性有明显差异。

从图9.8可以得到以下结论。

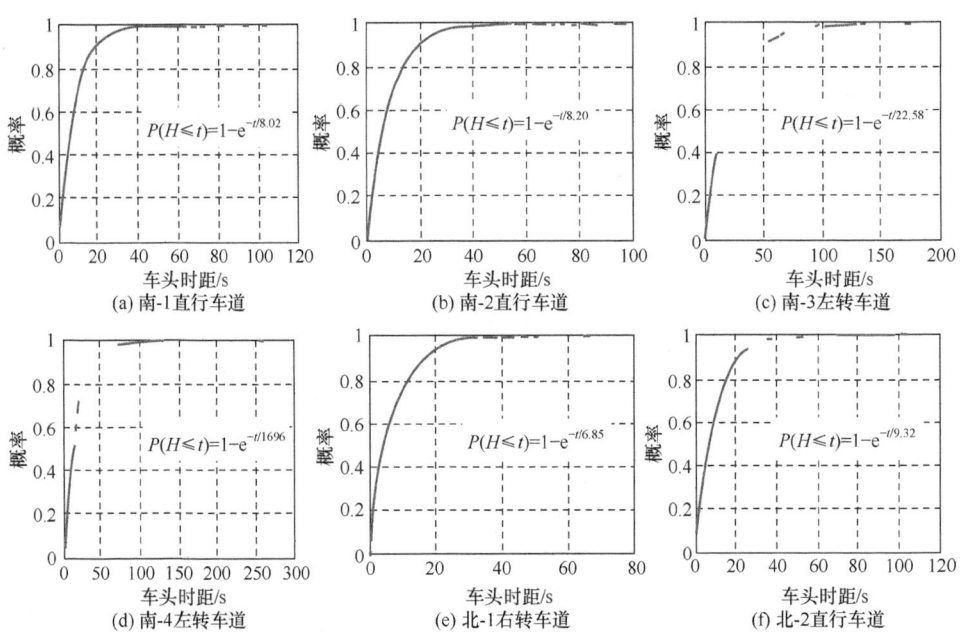

(a) 南-1直行车道 $P(H \leq t) = 1 - e^{-t/8.02}$
(b) 南-2直行车道 $P(H \leq t) = 1 - e^{-t/8.20}$
(c) 南-3左转车道 $P(H \leq t) = 1 - e^{-t/22.58}$
(d) 南-4左转车道 $P(H \leq t) = 1 - e^{-t/1696}$
(e) 北-1右转车道 $P(H \leq t) = 1 - e^{-t/6.85}$
(f) 北-2直行车道 $P(H \leq t) = 1 - e^{-t/9.32}$

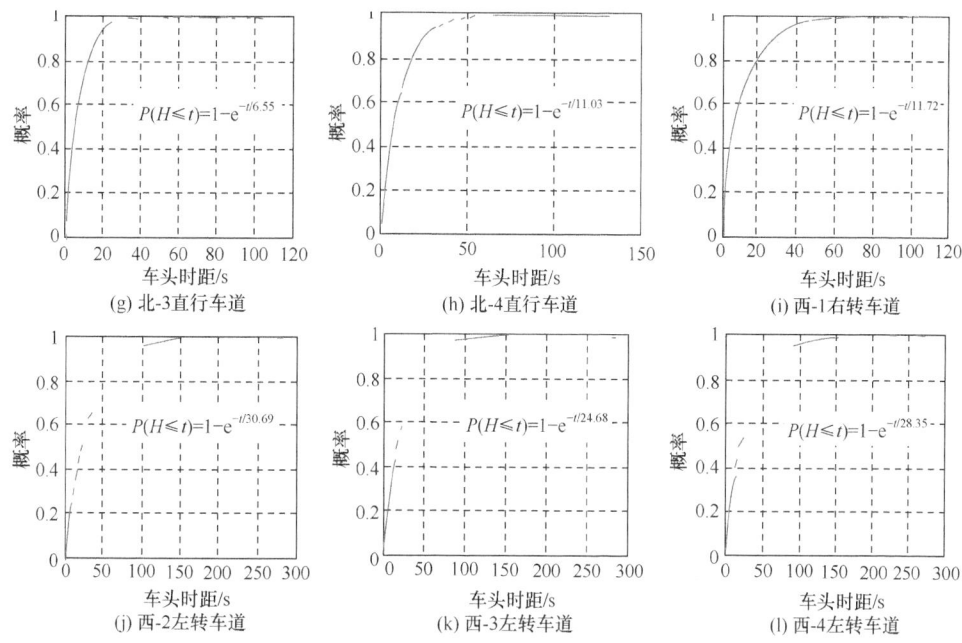

图 9.8 清华大学西门路口单车道车头时距分布图

① 由于信号灯的影响，交叉口处平均车头时距比路段上车头时距普遍要大。西进口道的红灯时间长达 104s，导致左转车道平均车头时距高达 24s 以上。

② 车道对平均车头时距的影响非常大。总体来说，右转平均车头时距较小，直行平均车头时距、左转平均车头时距最大。在同一个进口道，相同类型的车道平均车头时距相近，车头时距分布也非常相似。

2. 饱和车头时距统计直方图和特征参数

表 9.5 为饱和车头时距特征参数。图 9.9 为饱和车头时距观测值的统计直方图。

表 9.5 饱和车头时距特征参数

车道名称	样本数/Veh	最大值/s	最小值/s	极差/s	样本均值/s	样本标准差/s
北-1-左转车道	183	3.975	1.044	2.931	2.730	0.695
北-2-直行车道	138	3.994	1.435	2.559	2.728	0.602
北-3-直行车道	454	3.959	1.026	2.933	2.244	0.617
北-4-左转车道	219	3.982	1.003	2.979	2.135	0.703
南-1-直行车道	220	3.999	1.047	2.952	2.272	0.709
南-2-直行车道	180	3.977	1.064	2.913	2.215	0.675
南-3-左转车道	57	3.977	1.087	2.890	2.543	0.759

续表

车道名称	样本数/Veh	最大值/s	最小值/s	极差/s	样本均值/s	样本标准差/s
南-4-左转车道	71	3.928	1.052	2.876	2.450	0.806
西-1-右转车道	58	3.962	1.036	2.926	2.652	0.728
西-2-左转车道	75	3.918	1.064	2.854	2.517	0.637
西-3-左转车道	66	3.771	1.070	2.701	2.030	0.640
西-4-左转车道	73	3.901	1.348	2.553	2.363	0.646

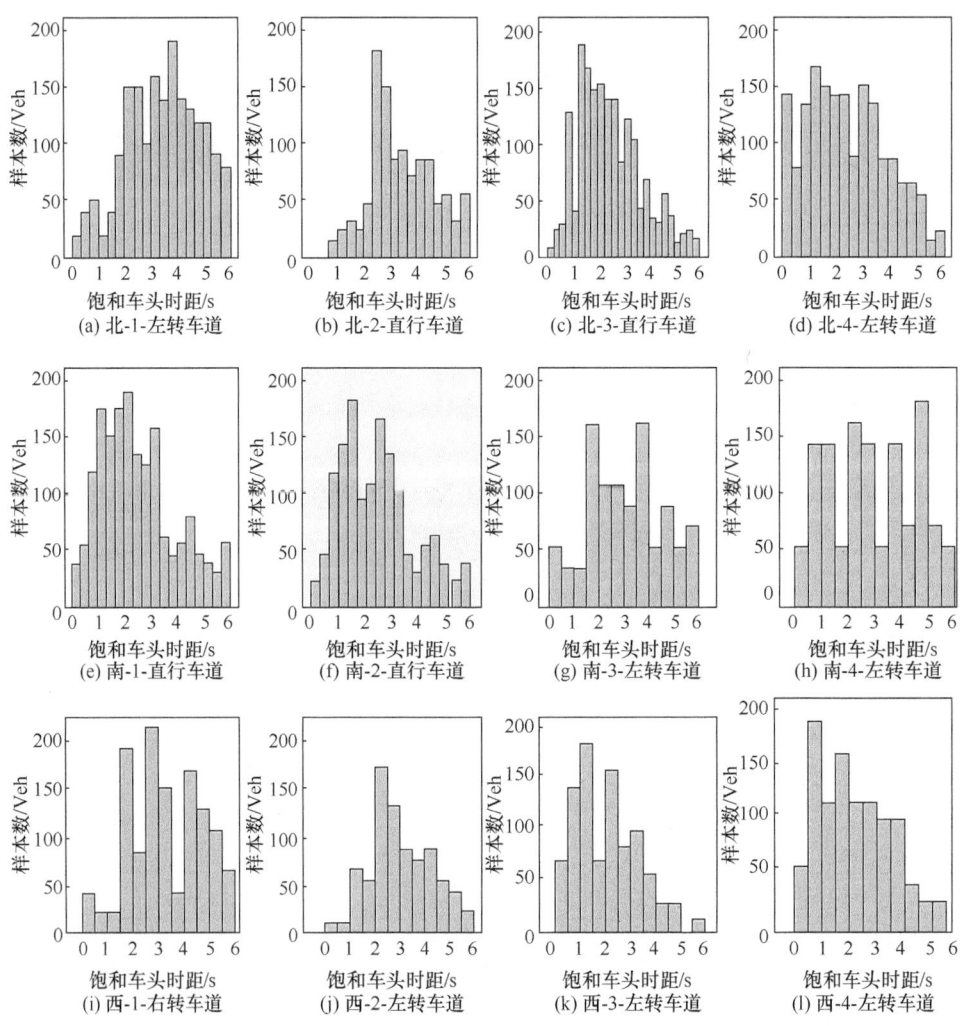

图 9.9 清华西门饱和车头时距统计直方图

从图 9.8 和图 9.9 可以看出,饱和车头时距近似服从正态分布。为此,作正态概率分布检验拟合图,如图 9.10 所示。可以看到,实际数据值与假设正态分布的数值非常吻合。设 ξ 为饱和车头时距,μ 为均值,δ^2 为方差。假定饱和车头时距 $\xi \sim N(\mu, \delta^2)$,可得到饱和车头时距 μ 的推荐值,即表 9.5 中第 6 列的样本均值。

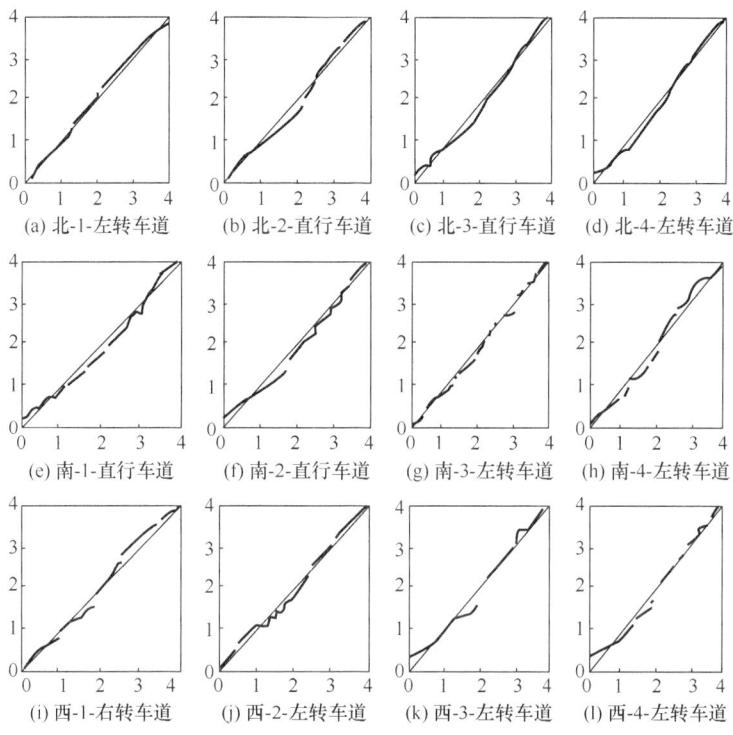

图 9.10 正态概率分布检验拟合图

9.3.2 饱和流率推荐值

1. 饱和流率的计算

信号交叉口直行车道上的饱和流率等于在一次连续的绿灯信号时间内,进口道一列连续车队以最短安全车间空距通过基准断面的最大而稳定的流量,可以用下式计算,即

$$S_0 = 3600/h \tag{9.2}$$

其中,S_0 为饱和流率;h 为饱和车头时距。

2. 不同车道饱和流率推荐值

得到每条车道饱和车头时距推荐值后,按照式(9.2),采用平均值法得到每种类型车道的饱和车头时距推荐值,如表 9.6 所示。其中,统计量代表调查的车道总数,样本量代表能够获取饱和车头时距的车道数。

表 9.6 不同车道饱和流率推荐值

车道类型	统计量/Veh	样本量/T	饱和时距推荐值/s	饱和流率推荐值/(Veh/h)
专用右转车道	106	90	2.6087	1380
专用左转车道	126	119	2.3651	1520
直行车道	275	267	2.3455	1535
直右车道	18	18	2.4680	1457
直左车道	15	14	2.5589	1411

将不同车道饱和车头时距(饱和流率)推荐值与实测值进行独立样本 t 检验,通过显著性检验,判别两组数据间有无显著差别。饱和车头时距(饱和流率)推荐值与实测值之间无显著差别,即饱和车头时距(饱和流率)推荐值可以代表北京主要类型车道的饱和车头时距(饱和流率)。

以直行车道为例,本章调查了北京市五环内 267 个直行车道的饱和车头时距,将实测数据与推荐值进行独立样本 t 检验,得到的结果如表 9.7 所示。结果分为两大部分。第一部分为 Levene's 方差齐性检验,用于判断两总体方差是否齐。检验结果为 $F=432.251$,$P=0.000$,可见本例中方差是齐的。第二部分分别给出两组所在总体方差齐和方差不齐时的 t 检验结果,由于第一部分检验结果为方差齐,第二部分应选用方差齐时的 $P=0.000$ 的 t 检验结果,即上面一行列出的 $t=1.208$,自由度$=519$,$P=0.228$。从而最终的统计结论为,按 $\alpha=0.05$ 水准,接受假设 H_0,两种样本没有显著差别。

表 9.7 独立样本 t 检验结果

直行车道饱和时距	F 值	P 值	t 值	自由度	P 值(双侧)	均数差值	差值的标准误差	差值 95%可信区间	
								下限	上限
假设方差齐	432.251	0.000	1.208	519	0.228	12.77187	10.57136	−7.99604	33.53978
假设方差不齐	—	—	1.192	256.000	0.234	12.77187	10.71464	−8.32819	33.87193

9.4 本章小结

本章介绍北京市五环内 36 个信号交叉口调查分析和饱和车头时距的计算分析。可以看出,不同类型车道的饱和车头时距近似服从正态分布。通过将实测数据与推荐值进行统计分析，北京市最常见的五种车道类型，即专用右转车道、专用左转车道、直行车道、直右车道、直左车道的饱和车头时距推荐值分别为2.6087s、2.3651s、2.3455s、2.4680s、2.5589s，相应的饱和流率推荐值分别为1380Veh/h、1520Veh/h、1535Veh/h、1457Veh/h、1411Veh/h。这些推荐值的获取建立在大量交通调查数据和精确的统计分析基础上，能够为混合交通条件下信号交叉口交通管理提供数据依据，并可以运用到现实的交通管理过程中。

参 考 文 献

[1] Knoblauch R L, Pietrucha M T, Nitzburg M. Field studies of pedestrian walking speed an start-uptime[J]. Transportation Research Record, 1996, 1538: 27-38.

[2] Mohammed S T. Evaluation of pedestrian speed in Jordan with investigation of some contributing factors[J]. Journal of Safety Research, 2001, 32: 229-236.

[3] National Regearch Council. Highway capacity manual, transportation research board[R]. National Research Recerd, Washington D.C., 2000.

[4] Webster F. Traffic signal settings road research laboratory[R]. Road Research Laboratory Technical Paper, 1958.

[5] Pappis C P, Mamdani E H. A fuzzy logic controller for a traffic junction[J]. IEEE Transactions on Systems, Man, and Cybernetics, 1977: 707-717.

[6] Murat Y S, Gedizlioglu E. A fuzzy logic multi-phased signal control model for isolated junctions[J]. Transportation Research Part C, 2005, 13: 19-36.

[7] 刘金广, 于泉, 荣建, 等. 信号交叉口非机动车道混合交通流特性研究[J]. 交通与计算机, 2008, 26(5): 42-44.

[8] 赵熠, 邵春福, 岳昊, 等. 基于视频图像处理的行人与非机动车数据采集技术[J]. 北京交通大学学报, 2007, 31(6): 10-14.

[9] 孙明正, 杨晓光. 机非混行平面交叉口交通设计理论研究[J]. 公路交通科技, 2004, 8: 82-86.

[10] 吴海燕, 陆化普, 岩崎征人. 信号交叉口运行效率的提高[J]. 交通工程, 1998, 1: 36-41.

[11] 陈晓明, 邵春福, 聂伟. 行人影响下的信号交叉口通行能力研究[J]. 土木工程学报, 2007, 40(3): 92-97.

第 10 章　结论和展望

10.1　本书总结

一些交通流模型可以研究各种复杂的交通现象，但不能全面描述机动车流、自行车流、行人流形成的混合交通流。利用宏观变量和微观变量之间的关系，本书建立了机动车流、自行车流、行人流形成的混合交通流动力学模型，分别探讨混合交通流的摩擦效应和喇叭效应。理论分析和数值计算表明，模型可以定性地描述自行车流和行人流摩擦干扰导致的交通现象，而喇叭效应可以提高自行车流和行人流的流量和速度。

本书对北京市五环内 36 个信号交叉口展开交通调查。通过实测数据和精确的统计分析发现，北京市不同类型车道的饱和车头时距近似服从正态分布，并给出北京市常见五种车道类型的饱和车头时距推荐值和饱和流率推荐值，可以运用到现实的交通管理过程中，具有一定的推广意义。

本书对混合交通流建立动力学模型，并进行交通实践，开展了一系列工作。作为一种尝试，研究尚处于初步阶段，还存在许多问题值得进一步深入研究。

① 书中假定模型中每种交通流(机动车流、自行车流、行人流)都是同质的，而且假定三种交通流之间的干扰都是单向的。事实上，它们之间的干扰应该是相互的，即机动车流会对自行车流的运行造成干扰，而自行车流也会对行人流产生影响。为了更好地了解和描述混合交通系统，应该用大量的实验数据来量化它们之间的相互作用，以及机动车司机、自行车骑车者和行人的个体差异。

② 本书只研究了混合交通系统的一些均衡特性。由于机动车流、自行车流和行人流往往会偏离它们的均衡速度，因此混合交通系统经常出现非均衡的现象。在接下来的工作中，我们将提出更精确的模型(考虑混合交通流的各种影响因素，如机动车司机、自行车骑车者和行人的个体差异、多种交通流之间的互动干扰等)，进一步研究混合交通系统的各种复杂现象(如非均衡与均衡现象)。

③ 我们进行了全面的交通调查，但对数据的处理只停留在表层，并没有深入挖掘。在进一步的工作中，我们需要更深层次的挖掘和处理，找出符合中国混合交通环境的交通规律，为中国的交通问题提出更合理的建议。

10.2 研 究 展 望

经过近 20 年的发展,混合交通流模型研究取得了一些阶段性的成果,在高速公路交通流和城市网络交通流等方面都有很大的发展。由于交通流行为的复杂性,交通流理论至今还未形成一个完整的理论体系,许多交通现象还未得到合理的解释。我们可以进一步研究以下几方面的工作。

① 进一步深化混合交通流模型理论,促进模型的融合与统一,建立新的理论模型。

为了揭示实际交通的基本规律,人们提出许多交通流理论模型。然而,现有的交通流理论模型都很难完整地模拟实际交通中的各种复杂现象。各种模型虽然建立在相同的交通实测结果的基础上,却从不同角度研究交通流运动的规律,因此各有优缺点。在今后的研究工作中,对待不同的交通流理论模型,不应该相互排斥,而应该相互包容,共同发展。我们希望将来能够提出这样一类交通流模型:拥有较少的变量和参数,参数易辨识且物理意义明确、符合实际;至少能定性地模拟实测的交通现象;在理论上具备自我修正和发展的空间;可以进行高速的数值模拟。

② 深入分析交通参与者的行为和习惯,研究不同交通条件下的交通行为规则,建立更加符合实际交通行为的混合交通流模型。本书对驾驶行为做了一些积极的探讨,考虑某些方面的驾驶行为和习惯。对驾驶行为的归纳和描述存在很大的片面性,没有一个较为统一的体系和规则。

③ 研究如何利用混合交通流的特性分析,解释拥塞形成的机理、避免拥塞并有效地疏导拥塞。混合交通流独特的构成使交通冲突点的数量成倍增加,加剧交通阻塞和交通事故的产生,导致交通流的组织规划、管理和控制也越发困难,对交通管理工作提出更加严峻的要求。因此,通过混合交通流的行驶特性分析,研究交通拥塞的形成机理、研究如何避免道路空间的局部浪费和尽量减少交通冲突点,以及在交通拥塞发生以后如何迅速疏导交通等问题,都具有重要的现实意义。

④ 建立更丰富的交通实测数据库。现有的、大规模的交通实测工作主要集中在少数发达国家开展,实测成果反映的大多是少数发达国家的交通规律。世界各地、各民族的交通参与者由于地理环境、宗教信仰、民族习惯等各个方面的差异,在实际交通中表现出不同的心理特征和行为模式。因此,不同地区交通流的规律

因人而异，表现出相应的特殊性。在我国，大多数相关研究者主要精力集中于理论模型的建立和改进，而实测数据和相关实验相对较少，部分研究者针对某些具有中国特色的交通现象和行为建立了模型，却缺少实测数据证明，或是借用国外发达国家的实测数据进行对比、佐证。因此，在将来的工作中，我们还应当注意考虑人的参与对交通流的影响，在广大的发展中国家大力开展交通实测工作，揭示具备不同心理特征和行为模式的交通参与者对于交通流的影响。

附录 A 调查路口一览表

路口名称	路口类型	路口位置
朝阳公园路口	快-主三叉口	朝阳公园南路/甜水园街路口
清华西门路口	主-主三叉口	西直门外大街/展览馆路路口
鼓楼外大街路口	快-主三叉口	鼓楼外大街/北二环(安定门西大街)
德胜门外大街路口	快-次三叉口	德胜门外大街/黄寺大街路口
陶然亭路口	主-主三叉口	陶然亭路/太平街路口
地铁永安里站路口	主-主三叉口	建国门外大街/东大桥路路口
月坛北街路口	主-次三叉口	三里河路/月坛北街路口
三里河路口	主-次三叉口	三里河路/月坛南街路口
天坛体育场路口	主-次三叉口	龙潭路/天坛东路路口
北京交通大学西门路口	主-次三叉口	大柳树路/大慧寺路口
中关村一桥路口	快-主四叉口	北四环/中关村大街路口
地铁五棵松站路口	快-主四叉口	西四环/复兴路路口
地铁车公庄站路口	快-主四叉口	车公庄大街/平安里西大街/西直门南大街/阜成门北大街路口
北太平桥下路口	快-主四叉口	北三环/北太平庄路/新街口外大街
赵公桥路口	快-次四叉口	南三环/景泰路/光彩路路口
方庄桥路口	快-次四叉口	方庄路/南三环/方庄桥下路口
看丹桥路口	快-次四叉口	南四环/看丹桥下
西大望路路口	主-主四叉口	西大望路/广渠路路口
地铁牡丹园站路口	主-主四叉口	花园东路/北土城西路/北太平庄路路口
四道口路口	主-主四叉口	清华东路/学清路/学院路
宣武门路口	主-主四叉口	宣武门西大街/宣武门东大街/宣武门内大街/宣武门外大街
路口名称	路口类型	路口位置
万寿路路口	主-主四叉口	复兴路/万寿路
科学普及出版社路口	主-主四叉口	中关村南大街/学院南路/魏公村路

续表

路口名称	路口类型	路口位置
牛街路口	主-主四叉口	牛街/广安门内大街/长椿街路口
中国地质博物馆路口	主-主四叉口	阜成门内大街/西四北大街路口
地铁玉泉路站路口	主-主四叉口	石景山路/玉泉路路口
黄庄路口	主-主四叉口	中关村大街/知春路口
菜市口大街路口	主-次四叉口	菜市口大街/右安门东街路口
焦家坟路口	主-次四叉口	鲁谷路/鲁谷大街路口
交道口大街路口	主-次四叉口	安定门内大街/交道口东大街/交道口南大街/鼓楼东大街路口
恒基中心路口	主-次四叉口	建国门内大街/朝阳门南小街路口
蓝岛大厦路口	五叉路口	朝阳门外大街/东大桥路/朝阳北路路口
地铁安贞门站路口	五叉路口	北土城东路/安定路/北苑路
地铁崇文门站路口	畸形路口	崇文门内大街/崇文门外大街/前门东大街/崇文东大街路口
颐和园路口	畸形路口	万里河路/颐和园路/清华西路路口

附录 B 路口基本信息调查表

路口名称_____ 调查日期_____ 年_____ 月_____ 日

调查时间_____ 调查员_____

路口编号		路口名称			所在区域	
街道名称						
路口所在地	繁华路中心		(对或叉)	繁华路周围		繁华路之外
	街坊内			街坊外		郊区
邻近建筑物类型	办公楼			小商店		工厂
	住宅			公园		荒地
交通类型	上下班			市内非工作出行		过境
停车(许可停车时)			东	西	南	北
	从人行横道算起禁止停车距离					
	允许停车时间					
	正调查时的停车					
公汽车站(填有/无，距离路口多远)						
邻近建筑物(名称/类型)						
交警/交通协管人员(人数/时段)						
标志	车道数					
	有无行人横道线及标志					
	有无中心线标志					
	有无车道标志					
几何条件	路口形式(要求手画出每个路口的车道形式)			交通流向		
进口道方向			从到			
进口车道数(包括人行道)			进口机动车道与非机动车道是否隔离		□是 □否	

续表

路口编号		路口名称		所在区域	
各进口车道信息(从中央分割线到路边依次填写,包括人行道)	1	车道宽度/m		是否专用道(请选择：) 小汽车专用 机动车专用 非机动车和摩托车专用 非专用道(混合行驶) 人行道	是否转弯专用道(请选择：) 左转专用道 直行专用道 右转专用道 左转、直行专道 右转、直行专道 非转弯专用道
	2				
	3				
	4				
	5				
	6				
出口车道数(包括人行道)				出口机动车道与非机动车道是否隔离	□是　□否
各出口车道信息(从中央分割线到路边依次填写,包括人行道)	1	车道宽度/m		是否专用道(请选择：) 小汽车专用 机动车专用 非机动车和摩托车专用 非专用道 人行道	
	2				
	3				
	4				
	5				
	6				

附录 C 信号交叉口配时表

路口名称_____ 调查日期_____ 年_____ 月_____ 日
调查时间_____ 调查员_____

路口编号			路口名称		所在区域	
信号配时方案图						
东西方向(时间)	直行	绿灯总时间		绿灯		
				绿闪/黄灯		
		红灯时间				
	左转	左转绿灯总时间		左转绿灯		
				左转绿闪/黄灯		
		左转红灯时间				
南北方向(时间)	直行	绿灯总时间		绿灯		
				绿闪/黄灯		
		红灯时间				
	左转	左转绿灯总时间		左转绿灯		
				左转绿闪/黄灯		
		左转红灯时间				

附录 D 文字补充示例

路口名称_____ 调查日期_____ 年_____ 月_____ 日
　　　　　　　　　调查时间_____ 调查员_____

(1) 周边环境

(2) 交通环境

(3) 信号设置

(4) 交通调查中遇到的问题及困难

编 后 记

《博士后文库》(以下简称《文库》)是汇集自然科学领域博士后研究人员优秀学术成果的系列丛书。《文库》致力于打造专属于博士后学术创新的旗舰品牌,营造博士后百花齐放的学术氛围,提升博士后优秀成果的学术和社会影响力。

《文库》出版资助工作开展以来,得到了全国博士后管委会办公室、中国博士后科学基金会、中国科学院、科学出版社等有关单位领导的大力支持,众多热心博士后事业的专家学者给予积极的建议,工作人员做了大量艰苦细致的工作。在此,我们一并表示感谢!

《博士后文库》编委会